단기 선교에서
배우는 하나님 2

단기 선교에서
배우는 하나님 2

ⓒ 생명의말씀사 2019

2019년 7월 31일 1판 1쇄 발행

펴낸이 | 김재권
펴낸곳 | 생명의말씀사

등록 | 1962. 1. 10. No.300-1962-1
주소 | 서울시 종로구 경희궁1길 5-9(03176)
전화 | 02)738-6555(본사) · 02)3159-7979(영업)
팩스 | 02)739-3824(본사) · 080-022-8585(영업)

지은이 | 전희근

기획편집 | 유선영, 서지연, 최은용
디자인 | 김혜선
인쇄 | 영진문원
제본 | 정문바인텍

ISBN 978-89-04-10126-9 (03230)

저작권자의 허락없이 이 책의 일부 또는 전체를
무단 복제, 전재, 발췌하면 저작권법에 의해 처벌을 받습니다.

단기 선교에서 배우는 하나님 ─ 2

MEDICAL MISSION

전희근 지음

생명의말씀사

목차

서문 지친 선교사들에게 전하는 작은 사랑의 위로, 단기 선교 · 8
추천사 의료 선교로 나눈 십자가 사랑과 섬김의 발걸음 · 12

01	중국의 집안(集安) 기독교회와 성경 읽기	· 17
02	예멘의 지불라 침례교병원	· 23
03	연길 사랑의 집 – 한 영혼 사랑	· 31
04	아프가니스탄에 전하는 하나님 사랑	· 37
05	도미니카와 태권도 그리고 복음 팔찌	· 45
06	네팔의 3억 3천만의 신	· 53
07	카자흐스탄 고려인의 정체성	· 57
08	과테말라에서 열린 세계전문인선교대회	· 65
09	케냐 보이에서의 의료 시범	· 73
10	에콰도르의 거룩한 낭비	· 81
11	아프리카 말라위의 대양 누가병원	· 87

MEDICAL MISSION

12	김만우 목사와 쿠웨이트에서 부른 찬송	•93
13	쿠바의 합동결혼식과 신학교	•99
14	코스타리카의 행복	•107
15	KAMHC(한미의료선교협의회)에서 GMMA로	•113
16	세계의료선교회 – 단기 의료 선교의 복덕방	•121
17	아프리카 내지선교회 – '예수님은 당신과 무슨 관계입니까?'	•125
18	인터서브선교회 – '당신의 안전은 우리의 주요 관심사가 아닙니다'	•131
19	효과적인 선교 보고 요령	•135
20	미국에서 가장 큰 의료선교협회(CMDA)	•139
21	아세아연합신학대학교 의료 선교학	•143
22	YWAM과 열방대학, 예수제자훈련학교	•147

23	한인세계선교대회	·151
24	풀러신학대학원의 의료 선교학 교수로	·155
25	인천상륙작전의 감격과 한국인의 긍지	·159
26	달라스신학교 입학	·165
27	독일 파싸우성당의 예배	·169
28	제10장로교회와 보이스 목사	·173
29	반백 년간 함께한 필라델피아 한인연합교회	·177
30	향채와 만나	·183
31	필라델피아 마스터 합창단과 이창호 지휘자	·187
32	나는 루트 비어를 마시지 않는다	·191
33	찬양 사역과 나의 스승, 바리톤 최현수	·195
34	나의 여왕, 전영애	·199

MEDICAL MISSION

35	음식, 무엇을 먹을까?	·207
36	소중한 친구, 이규항	·213
37	이것도 지나가리라 – 감제 야 볼	·217
38	만족하게 살았다	·221

저자 전희근 약력 · 227

서문

지친 선교사들에게 전하는 작은 사랑의 위로, 단기 선교

나는 1984년 인도네시아 보르네오 섬의 단기 의료 선교를 시작으로 세계 여러 선교지에 다녀왔다. 펜실베이니아 대학병원에서 방사선과 의사로 일하던 마흔여덟의 나이에 처음으로 단기 선교를 갔고 지금의 나이 여든두 살이 될 때까지 34년 동안 매년 선교지에 갈 수 있도록 인도해 주신 하나님께 감사드린다.

하나님은 단기 의료 선교를 나의 인생의 우선순위 중의 하나로 두게 해 주셨다. 나는 첫 단기 선교 후 매년 다시 선교지로 떠날 때마다 설레었다. 선교 사역을 통해 하나님을 조금 더 가까이 느낄 수 있었으며 마음속에 표현 못할 기쁨이 찾아들곤 했다. 땀으로 얼룩져 있는 수많은 선교사와, 열악한 환경과 질병으로 신음하는 원주민들은 선교지에서 나 자신을 돌아보게 해 주는 스승이 되었다. 사실 2-3주의 짧은 기간 동안 선교지에서 할 수 있는 일이란 지극히 미미하다. 하지만 선교지에 방문하는 것 자체와 그곳에서의 모든 순간이 보람되고 소중했다. 외로움과 힘든 사역으로 애쓰는 선교사들을 만나 사랑의 위로를 전할 수 있는 것만으로도 감사했다.

  나는 1984년부터 12년 동안 선교 현장에서 보고 들은 이야기와 미국에 거주하는 한인 크리스천으로서 느낀 단상들을 모아 『단기 선교에서 배우는 하나님』을 1996년에 출간했다. 그 후에도 단기 선교를 매년 다녀왔는데 1997년부터 2018년까지의 이야기를 모아 두 번째 책을 준비하게 되었다.

  첫 번째 책에는 선교지에 관한 이야기를 주로 담았고 이번 두 번째 책에는 선교지 이야기와 함께 미국과 한국의 선교회 등에서 이사로 일하며 배우고 느낀 이야기도 함께 실었다. 나는 미국의 전통 있는 아프리카 내지선교회와 인터서브선교회 그리고 CMDA(Christian Medical and Dental Association) 등에서 이사로 섬겨왔다. 나는 그곳에서 배운 경험을 한국 선교회에 전해주는 징검다리 역할을 할 수 있었으면 한다. 또한 미국 선교회의 이사 경험이 한인 2세들을 선교 현장에 끌어들일 수 있는 발판을 마련하는 데 도움이 되었으면 좋겠다.

내 생애 82년 동안 한결같이 나를 인도해 주시고 축복해 주신 하나님을 찬양하며 감사를 올린다. 내 안에 살아계시는 하나님은 늘 내게 꿈과 비전을 주셨다. 내 인생의 꿈은 노래에 살고 사랑에 사는 일이다. 늘 찬양을 부르며 사는 것이 나의 소망이다. 또한 평생 예수님과 교회를 사랑하며 아내와 가족과 친구들을 사랑하며 살기를 원한다.

나와 함께 단기 선교에 동참하며 삶의 용기를 주고 격려를 아끼지 않은 사랑하는 아내 전영애 권사에게 감사한다. 그리고 나는 별로 한 일이 없는데 잘 성장해 준 두 딸 린다와 패티가 대견하고 늘 고맙다.

또 내 신앙생활에 큰 힘이 되어준 필라델피아 한인연합교회 목사님들과 성도들에게 감사하며 원고 교정을 봐준 양영신 님께 감사를 드린다.

_전희근

추천사

의료 선교로 나눈
십자가 사랑과 치유의 발걸음

할렐루야!

살아계신 사랑과 진리와 능력의 성 삼위일체 하나님을 찬양하며 하나님의 은혜를 감사합니다. 잉꼬부부 전희근 장로님과 전영애 권사님의 삶과 섬김과 믿음이 엮어내는 아름다운 이야기들이 활자를 타고 표현될 수 있도록 두 분의 인생을 지금까지 도우시고 복 주시고 인도하신 주님께 영광을 돌립니다.

그의 책에는 의료인으로서 그의 과학자적인 예리한 지성과, 음악 예술인으로서의 풍성한 감성, 그리고 신앙인으로서의 따뜻한 심성이 배어있습니다. 그의 실존과 족적이 담긴 7권의 저서 중에서 1996년 출판된 『단기 선교에서 배우는 하나님』 후편으로 세계 25개국을 누비고 다니며 섬긴 의료 선교 이야기와 52년간 미국 생활의 희로애락 이야기를 진솔하게 엮어 출판하게 됨을 축하합니다.

다시금 전 장로님 특유의 위트와 해학이 담긴 하나님 사랑, 이웃 사랑, 복음 사랑, 그리고 영혼 사랑의 이야기를 대하게 되어서 참 기쁩니다. 그는 하나님의 부르심을 따라 노래하듯 의료 선교를 다니고, 사람들의 마음을 치유하듯 노래를 부르며, 가난하고 불쌍하고 도움이 필요한 사람들을 찾아 세계 방방곡곡을 누비는 분입니다. 십자가의 사랑을 따라 인종차별 없이 베푸는 그의 섬김과 긍휼의 발걸음이 귀합니다.

저는 그를 만날 때마다 겸비함과 온화한 느낌을 받습니다. 또한 그의 글을 읽으면 우선 재미가 있고 훈훈한 인간미를 느낄 수 있으며 신선한 영적 교훈을 얻을 수 있습니다. 사도 바울이 "내가 그리스도를 본받는 자가 된 것 같이 너희는 나를 본받는 자가 되라"(고전 11:1)고 했듯이, 구주 예수 그리스도 하나님의 아들을 본받는 전 장로님의 신앙생활을 통해서 독자들도 예수님을 본받는 생활을 격려받게 될 것입니다.

이번에 출판되는 『단기 선교에서 배우는 하나님 2』의 일독을 권합니다. 전편을 못 읽은 분은 전편을 구해서 먼저 읽어보시면 예수 그리스도를 본받는 경건생활에 더욱 유익할 것이라 믿습니다. 이번 후속편에는 장로님에게 비전을 심어주고 격려해 주며 선교의 큰 원동력이 되어준 그의 여왕(아내) 전영애 권사님의 은은한 내조의 향기가 묻어 있어서 더욱 감동적일 것입니다. 그뿐만 아니라 이 책에는 전 장로님이 하나님께서 보혈로 사신 교회의 장로로서 교회를 사랑하는 모습과, 자기 전공 분야에서 신앙과 섬김을 대입하여 살아간 모습이 담겨 있습니다. 이처럼 인생과 신앙과 직분의 모든 면에서 유종의 미를 거둬가는 과정이 독자에게 잔잔한 감동으로 전해지리라 생각되니 참으로 좋습니다.

 어떤 의미에서 그의 저서들은 기독교 이민 문학에도 기여하게 될 것입니다. 이 책을 통해 전희근 장로님과 전영애 권사님에게 역사하셨고, 역사하시고, 역사하실 선하시고 인자하신 하나님께서 찬송과 영광을 받으실 줄 믿습니다.

_우초 김만우 목사

MEDICAL MISSION

01

중국의 집안(集安) 기독교회와 성경 읽기

집안(集安)은 예전에 고구려의 수도가 있었던 곳으로 현재는 압록강 바로 북쪽에 위치한 중국의 한 도시다. 나는 이곳의 '집안 기독교회'에 2003년 4월 10일부터 일주일간 성경을 가르치러 다녀왔다. 이 교회가 정부에서 인정하는 삼자교회인지 혹은 비밀스럽게 모이는 지하교회인지는 잘 모른다. 그런데 미국 시민인 내게 성경을 가르치도록 허락한 것을 보면 완전한 삼자교회는 아닌 것 같았다. 그렇지만 신변에는 위험이 없으니 걱정 말고 오라는 것을 보면 지하교회도 아니었다. 사실 어떤 교회이든 상관이 없다. 그저 내게 기회가 주어져 누구에게든지 성경을 가르칠 수 있으면 감사할 뿐이다.

나는 『성경에는 무엇이 쓰여 있는가』라는 책을 출간한 적이 있는데 그 책은 성경의 말씀을 간략하게 요약한 책이다. 성경을 좋아해서 그런 책을 낸 나에게 성경을 전할 기회를 하나님이 주신 것 같았다. 나는 원래 겁이 많은 사람이지만 선교를 떠날 때나 성경을 가르칠 때에는 희한하게도 겁이 사라졌다.

  나의 일정은 007 첩보 작전 같았다. 인적이 거의 끊어진 칠흑 같은 밤에 남몰래 교회에 도착해서 성경 강의가 진행되는 일주일 내내 교회 밖으로 한 발자국도 나가지 못했다. 강의를 모두 마친 후에는 다시 사람들의 눈에 띄지 않는 이른 새벽에 미국행 비행기에 몸을 실었다. 그 당시 중국에서의 성경 강의가 그렇게 안전하지만은 않은 것 같았다.

  수강생은 약 30명 정도였는데, 시골 작은 교회의 조선족 지도자들이었다. 이들과 교회 별관에서 합숙하면서 '성경의 파노라마'라는 제목으로 창세기부터 요한계시록까지의 성경 강의를 일주일간 강행했다. 지도와 그림과 사진을 넣어 만든 파워포인트를 보여주면서 성경 전체를 요약하는 강의였다.

매연이 자욱한 집안시

집안시 기독교회

나는 중국에 가기 전에 다시 한번 성경을 읽고 가기로 마음먹었다. 열심을 내서 3개월 만에 통독을 마쳤는데 뿌듯하고 흡족했다. 그래서 집안 기독교회에서 성경 첫 수업에 들어가기에 앞서 교회 지도자들에게 그 얘기를 했다. 여기에 오기 전에 3개월 만에 성경 통독을 다시 한 번 마치고 왔노라고 내심 자랑스러운 마음으로 말을 꺼냈다. 그런데 어인 일인가? 놀라는 기색은커녕 아무런 반응이 없었다. 그러면서 무덤덤한 얼굴로 자신들은 한 달 만에 성경 통독을 마친다는 것이었다.

그곳에 모인 사람들은 대부분 농사를 짓는 사람들이었는데 예수님을 믿기 전에는 길고 추운 겨울엔 술을 마시고 마작을 하면서 지냈다고 한다. 하지만 예수님을 믿은 후 술과 마작 대신에 모여서 성경을 읽기로 했다고 한다. 아침에 시작해서 점심때까지, 점심 식사 후 저녁때까지, 저녁 식사 후에 잠자리에 들 때까지 계속해서 함께 통독한다는 것이다. 적어도 십여 명이 함께 읽으면 중간에 화장실에 가거나 누가 잠시 자리를 비워도 큰 지장 없이 마칠 수 있다고 한다. 이렇게 열심히 성경을 읽는 그들의 모습에서 어린아이 같은 순진한 믿음이 느껴졌다.

수강생들은 거의 40-50대의 남자들이었다. 오전과 오후에 각각 4시간 정도씩 하루에 8시간 동안 릴레이 강의를 해나갔는데 조는 사람도 없이 마치 스펀지가 물을 빨아들이듯 진지하게 경청했다. 그들의 열정 덕분에 나는 여독을 느낄 새도 없었다. 매 순간 불끈불끈 절로 힘이 솟았다. 그들은 특히 슬라이드를 통해 예루살렘 현지 사진과 같은 자료를 보여 줄 때 무척 흥미를 보였다. 그동안 성경을 열심히 읽어 성경 지식은 풍부하지만, 실제 사진이나 관련 자료들은 접할 기회가 없었던 것이다. 그래서 성경에 나오는 다락방 사진이나 바울과 관련이 있는 에베소 극장의 사진 등, 성지 순례 중에 내가 직접 찍은 사진들을 보며 생생한 현장감을 느끼는 것 같았다. 그들의 홍조 띤 얼굴에서 흥분이 고스란히 전해져 왔다.

예루살렘 다락방

에베소 극장

비록 일주일간의 짧은 일정이었지만, 성경 공부에 누구보다 열정적이고 순수한 사람들과 함께 합숙하고 한솥밥을 먹으며 보낸 시간은 오히려 내게 영적인 부흥의 시간을 선물해 주었다. 30여 명의 교회 지도자들이 성경을 읽는 것을 보면서 예전에 내가 열심히 성경을 읽던 시절이 떠올랐다.

나는 기독교 집안에서 태어났지만 내가 처음으로 성경 전체를 통독한 것은 1970년 출퇴근 기차 안이었다. 1968년에 나는 필라델피아에 와서 펜실베이니아 의과대학병원에서 방사선과 레지던트를 마치고 대학병원 조교수로 일하게 되었다. 스쿨킬 강 건너편 체리힐에 집을 사고 전철로 대학병원에 출근했다.

1968년부터 필라델피아 한인연합교회에 출석했는데 얼마 후 집사가 되었다. 어느 날 아침 기차 안에서 마음에 부끄러운 생각이 들었다. 교회 일을 열심히 섬겨서 모두 내가 좋은 집사라고 말을 하는데 과연 내가 그런 칭찬을 들을 자격이 될까? 집사가 된 지 일 년이 지났는데도 사실 성경을 한 번도 끝까지 읽어 본 적이 없었던 것이다.

그래서 기차에서 성경을 읽기로 결심했다. 출퇴근 시간을 합치면 기차에서 50분을 쓸 수 있었다. 성경은 꿀과 같이 달다고 하지만 내게는 전혀 그렇지가 않았다. 아니 솔직히 말하자면 성경이 그렇게 재미없는 책인 줄은 몰랐다. 출애굽기 후반부터 레위기를 읽으면서 책장이 넘어가지 않아 '이대로 덮어 버릴까?' 수도 없이 생각했다. 그렇지만 '남아일언중천금'이라고, 한 번은 끝까지 읽기로 결심했기에 계속 읽어 나갔다. 마지막 요한계시록을 끝내고는 안도의 숨을 내쉬었다. 비록 수박 겉핥기였지만 그래도 한 번은 성경을 읽었다는 만족감으로 기뻤다. 그런데 그렇게 지루하게 여겨졌던 성경을 또다시 고속 열차 안에서 펼쳐 놓고 창세기부터 다시 읽고 있는 나 자신을 발견하고 놀라고 말았다.

두 번째는 조금 더 천천히 읽어 내려갔다. 그리고 성경을 읽는 동안 자연스럽게 내 인생의 장래를 다시 생각하게 되었다. 미국에 올 때 나의 꿈은 잘 사는 것이었다. 호수가 보이는 언덕에 아담한 집을 짓고 좋은 차를 몰고 다니는 것이 꿈이었다. 카리브해 섬으로 여행을 가거나 콜로라도에 스키를 타러 다니고 싶었다. 플로리다에 여름 별장을 갖는 꿈도 꾸었다.

그런데 성경을 읽으면서 이런 꿈들이 서서히 변하기 시작했다. 플로리다의 여름 별장보다는 교회 근처에 집을 사서 교회 곁에서 살고 싶다는 새로운 꿈이 생겨서 교회 옆에 집을 구입했다. 그리고 성경 공부를 더 잘해 보자는 마음이 들어 필라델피아 성경대학(Philadelphia College of Bible) 야간부를 졸업하고 달라스신학교에 들어가 성경 공부를 열심히 했다.

의과대학 재학 시절 슈바이처 박사의 고귀한 삶의 이야기를 듣고 나도 그런 멋진 삶을 살고 싶다는 마음을 먹은 적이 있었다. 그러나 그런 꿈은 졸업하자마자 안개같이 사라졌다. 그런데 성경을 읽던 중 까마득히 잊고 있던 그 기억이 다시금 추억처럼 새롭게 되살아나기 시작했다. 그래서 용기를 내어 단기 선교를 떠날 수 있게 된 것이다.

중국에서의 짧은 일주일이었지만, 술과 마작을 멀리하고 차근차근 성경을 읽는 작은 교회의 지도자들을 만나서 나역시 강한 도전을 받게 되었다. 나도 일 년에 몇 주 또는 며칠이라도 성경과 기도와 찬양에만 전념하며 살고 싶은 마음이 생겼다. 집안 기독교회에서 성경을 함께 읽어 내려가던 그들의 차분하면서도 행복한 모습이 오래오래 기억에 남는다.

02

예멘의 지불라 침례교병원

 그동안 아프리카와 인도네시아 등지로 여러 차례 단기 선교를 다녀왔지만, 중동 지역은 어쩐지 마음에 더욱 낯설기만 한 곳이었다. 이번 나의 선교지는 중동의 예멘에 있는 지불라(Jibla) 침례교병원이었다.
 예멘의 수도 사나에 도착한 것은 2000년 1월 11일이었다. 세계의료선교회(World Medical Mission)라는 미국 선교회를 통해 갔는데 어떻게 알았는지 한국인 임OO 선교사(안전상 이름을 밝히지 않는다)가 마중을 나와 주었고 그 집에서 하루를 묵게 되었다.
 다음 날 오전, 2주일간의 일정으로 목적지인 지불라로 향했다. 2000년도만 해도 미국 시민은 예멘 여행이 무척 까다로웠다. 중동 지역에 반미 사상이 팽배해 있고 미국 사람들을 적대시했기 때문이다.

그래서 나는 검문소를 통과할 때마다 마음을 잔뜩 졸였는데 경찰이 우리 자동차 안을 자세히 들여다보고 그냥 통과시켜줬다. 나는 미국 시민권을 갖고 있었지만, 경찰이 보기에는 그저 동글동글한 생김새의 동양인일 뿐이었던 것이다.

지불라 동네 모습   지불라 침례교병원

환자 진료를 위해 병원에 도착하자 첫눈에 들어온 것은 병원 지붕에 커다랗게 걸려 있는 간판이었다. '지불라 침례교병원'(Jibla Baptist Hospital)이라니! 이슬람 국가에 어떻게 침례교 간판이 붙었을까 참으로 신기했다. 여기에는 구전으로 내려오는 재미있는 역사가 있다.

1967년에 짐 영(Dr. Jim Young)이라는 미국 의료 선교사가 예멘에 도착했는데 스위스와 독일 출신의 두 여자 간호사가 동행했다. 검문이 극도로 심할 때였는데 검문하는 사람이 먼저 여자 간호사들에게 어디에서 왔느냐고 물었다. 한 여인은 스위스, 다른 여인은 독일에서 왔다고 각각 대답해서 무사히 통과되었다. 다음은 미국에서 온 선교사 차례였다. "당신은 어디에서 왔소? 미국에서 왔소?"라는 질문에 그는 "나는 Baptist(침례교)에서 왔습니다."라고 대답했다. 검문관은 'Baptist'

가 무엇인지 몰라서 재차 물었다. "당신은 미국에서 왔소?" 선교사는 똑같이 대답했다. "네, 저는 Baptist에서 왔습니다." 검문관은 어떻게 해야 할지 몰라서 그만 통과시켜 주었다고 한다. 그 즉시 선교사는 'Baptist'라는 간판을 붙이고 열심히 환자를 돌봤다. 물론 그 후에 그가 미국에서 온 사람인 줄 알고 병원 이름을 바꾸게 하려 했지만, 지불라 동네 사람들이 침례교병원이 좋다고 해서 지금까지 침례교병원 간판이 붙어 있다고 한다.

짐 영 선교사를 시작으로 지난 30여년간 많은 선교사가 이곳에 와서 환자를 돌보아 주었는데 불행하게도 내가 다녀온 2년 후인 2002년에 큰 사건이 일어났다. 이슬람의 과격분자가 지불라 침례교병원에서 사역하고 있던 산부인과 의사인 마사 마이어(Dr. Martha Myers) 등 세 명의 선교사를 무자비하게 총으로 쏘아 죽인 일이 발생했다. 왜 이런 불상사가 일어났는지 우리는 알 수가 없다. 우리 지식으로는 이해할 수 없고 대답을 찾기 어렵다. 그러나 우리는 하나님의 주권을 인정하고 순종하며 계속 주의 일에 힘써야 할 것이다.

필리핀 방사선 기사 레오나드(오른쪽)

지불라병원에서 만난 레오나드(Leonard)는 필리핀에서 온 50대의 방사선 기사로 온순한 인상을 가졌다. 그는 X-레이 사진을 찍고 기계를 고치는 일 등을 했는데 그곳에 아내와 함께 일 년 계약으로 왔다고 했다. 그는 전에 심장수술을 받았는데 이왕이면 선교지에서 죽으면 행복할 것 같아서 그곳에 오게 되었단다. 그의 말에 가슴이 뭉클했다.

지불라병원에서 진료하면서 중년의 예멘 여자 환자를 만난 것과 예멘 여성의 집을 방문했던 일이 기억에 남는다. 선교지는 대체로 환경이 열악하고 위생 시설이 나빠서 배가 아픈 환자들이 많다. 나는 방사선과 의사로서 초음파와 엑스레이 진단을 주로 시행했다.

어느 날 오후, 한 중년 여자 환자가 배가 찌르는 듯이 아프다며 가족과 함께 병원에 왔다. 내가 가져간 이동식 초음파 기계로 진찰하려고 하는데 이 여인이 옷을 벗지 않는 것이었다. 입고 있는 옷은 긴 검은색 겉옷이었는데 머리끝에서 발끝까지 덮고 눈만 빠끔히 뚫려 있었다. 그녀는 낯선 동양인 남자 의사 앞에서 옷을 벗는다는 것은 상상도 못했을 것이다. 그 심정을 충분히 이해할 수 있었다. 그 여인은 남편과 가족들과 수십 분 동안 상의한 후에야 마침내 진찰을 받을 수 있었다. 따로 탈의장이 없어서 어쩔 수 없이 진찰실 앞에서 옷을 벗었는데 나는 깜짝 놀랐다. 검은색 두루마기 안에 명주로 된 속옷을 입었는데 진한 빨간색이었다. 검은색 겉옷은 외출할 때만 입는단다. 그녀의 검사 결과는 담석증이었다.

며칠 후에 나는 그곳의 여의사 선교사와 어느 예멘 여성의 집에 심방을 가게 되었다. 예멘에서는 외간 남자가 여자가 사는 집에 들어간다는 것은 상상도 못 할 일이다. 그러나 여의사 선교사 덕택에 우리는 그 집 안방까지 가 볼 수 있었다. 주인 여자는 비단으로 된 노란색과 하늘색이 섞인 화려한 옷을 입고 있었다. 이곳 여인들은 밖에 나갈 때는 검은 두루마기를 입지만 집안에서는 화려한 색상의 옷을 입고 헤어스타일과 미용에 관심이 많다고 한다. 부인이 여럿이니까 남편에게 더 잘 보이려고 피부 관리와 헤어스타일에 많은 신경을 쓴다고 한다.

나를 마중 나와 주었던 임 선교사의 부인 역시 예멘에서 선교사로 사역하고 있었는데 동네에 미용실을 차려서 그곳 여인들과 긴 시간을 보내며 복음을 전하는 기회로 삼는다고 했다. 미용에 관심이 많은 지역의 특성에 맞는 맞춤형 선교라는 생각이 들었다.

지불라병원에는 먹을 것이 변변치 않았다. 먹을 물도 깨끗하지 않아 길어다 준 물을 통에 담고 준비해 간 클로락스(Clorox) 소독약을 풀어서 마시고 그 물로 양치질을 했다. 이를 닦을 때는 혹시 잇몸에 피가 나면 균이 들어갈 수 있어 소독약을 조금 더 물에 타서 사용했다. 야채를 씻을 때도 이 소독약을 사용하면서 조심했더니 선교지에서 흔히 일어날 수 있는 배탈을 피할 수 있어 다행이었다.

짧은 두 주간의 일정이었지만, 무슬림이 많은 국가인 예멘에 와서 예멘에 대해 조금이라도 배우고 환자들을 돌보며 작

니캅을 입은 지불라병원 환자들

은 봉사를 할 수 있었다는 것이 꿈만 같았다.

사역지인 지불라병원으로 떠나기 전 예멘의 수도 사나에 도착했을 때, 임 선교사 부부와 함께 저녁 식사를 하러 시내에 있는 식당으로 나갔었다. 그런데 식당에 들어서는 순간 깜짝 놀라고 말았다. 눈앞에 바닷가재(Lobster)가 산더미처럼 쌓여 있었다. 그것도 먹기 편하게 딱딱한 껍질을 손질해 놓은 상태로 말이다. 예멘은 무더운 사막의 나라라고만 생각했는데 이 많은 해산물이 어디서 왔을까? 테이블 한가운데에는 바닷가재뿐 아니라 싱싱한 게와 왕새우도 수북했다.

예멘은 사막이 많지만, 양면은 넓은 바다로 둘러싸여 있어 해산물이 풍성하다는 것을 그때까지 미처 알지 못했다. 예멘 사람들은 그들의 성경인 코란의 가르침에 따라 돼지고기를 먹지 않을 뿐 아니라 바닷가재나 게나 새우 등도 먹지 않는다. 수천 년 동안 이런 해산물을 잡지 않았으니 바다에는 해산물이 수도 없이 많다. 그러나 한국 사람과 외국 사람들이 들어오면서 이런 해산물을 먹기 시작해서 나중에는 음식점도 생겼다고 한다.

바닷가재

예멘 사람들은 코란에 따라 비늘이 없는 해산물을 먹지 않는다. 무슬림뿐 아니라 유대교나 기독교도 성경 지침에 따라 음식 문화가 형성되었다. 성경에는 어떤 음식은 먹고 어떤 음식은 먹지 말라는 지침이 있다. 우리는 성경대로 살려면 성경 말씀을 그대로 모두 지켜야 한다고 생각한다. 그런데 사실 어떤 것은 지키고 어떤 것은 지키지 않는 경우가 종종 있다. 예를 들어 어떤 기독교인들은 피 때문에 선짓국을 먹지 않는데 돼지고기는 먹는다. 성경에서 피뿐만 아니라 돼지고기도 먹지 말라고 기록되어있는데 왜 피는 안 먹고 돼지고기만 먹을까? 성경 말씀 중에서 우리가 원하는 것만 마음대로 선택해서 지키는 것은 옳지 않다. 우리는 때로 성경과 문화를 혼동한다. 피를 먹지 않고 담배를 피우지 않으면 성경을 잘 지키는 것으로 혼동하는 경우가 있다. 성경에 언급된 음식 지침을 간추려 보면 아래와 같다.

- **구약의 지침**
  - ▷ 씨 맺는 모든 채소와 씨 가진 열매 맺는 모든 나무를 너희에게 주노니 너희의 먹을거리가 되리라(창 1:29).
  - ▷ 모든 산 동물은 너희의 먹을 것이 될지라(창 9:3).
  - ▷ 먹을 수 있는 동물 : 굽이 갈라지고 새김질하는 동물(레 11:3-8).
  - ▷ 먹을 수 있는 해산물 : 지느러미와 비늘이 있는 것(레 11:9-12).

- **신약의 지침**
  - ▷ 무엇이든지 스스로 속된 것이 없으되 다만 속되게 여기는 그 사람에게는 속되니라(롬 14:14).
  - ▷ 너희의 자유가 믿음이 약한 자들에게 걸려 넘어지게 하는 것이 되지 않도록 조심하라(고전 8:9).

▷ 우리가 이 권리를 쓰지 아니하고 범사에 참는 것은 그리스도의 복음에 아무 장애가 없게 하려 함이로다(고전 9:12).
▷ 무릇 시장에서 파는 것은 양심을 위하여 묻지 말고 먹으라(고전 10:25).
▷ 먹든지 마시든지 무엇을 하든지 다 하나님의 영광을 위하여 하라(고전 10:31).

성경에 기록된 음식의 지침은 시대에 따라 다르다. 구약에서는 음식에 많은 제한이 있었지만, 신약에서는 무슨 음식이든지 자유롭게 먹을 수 있다고 기록되어 있다. 그렇다고 모든 음식을 아무 데서나 마음대로 먹어도 무방하다는 것은 아니다. 음식 자체에 문제가 있는 것이 아니라 그 음식을 먹는 행위가 전도에 방해가 되지 않을지를 고려해야 한다.

예멘 사람들 앞에서는 바닷가재를 먹지 않는 것이 바람직하다. 내가 예멘에서 바닷가재를 먹을 수 있었던 것은 외국인들을 위한 몇 군데 지정된 식당에서 가능했기 때문이었다.

음식에 대해 흔히 접하는 질문 중의 하나는 돼지고기다. 나는 돼지고기를 즐겨 먹는다. 그러나 무슬림 국가에 가서 돼지고기를 먹는 것은 옳지 않은데 무슬림들은 돼지고기를 먹지 않기 때문이다. 이것이 성경적으로 옳든 옳지 않든 그들의 문화다. 선교를 위해서는 그들의 문화를 존중해 주어야 한다. 그들의 문화를 무시하면 미움을 사고 전도에 방해가 되기 때문이다. 선교지에서는 나의 작은 행동도 복음 전파에 큰 영향을 준다.

연길 사랑의 집
- 한 영혼 사랑

중국 여행을 하면 도시 이름이 자주 혼동된다. 나는 한문을 읽을 줄 아니까 우리식으로 한문을 읽는데 중국 사람들의 발음은 우리와 다르기 때문이다. 예를 들어 연길(延吉)은 옌지, 길림(吉林)은 지린이라고 부른다. 영어 표기도 연길은 'Yanji'이고 길림은 'Jilin'이다.

중국의 북쪽 옛 만주 지역에 길림성이 있다. 길림성은 여러 주로 나뉘어 있는데 그중의 하나가 연변 조선족 자치주. 자치주는 소수 민족 주민에 대해서 자치가 인정된 주를 일컫는다. 연변주의 중심 도시는 연길시다.

2001년 9월 3일에 연길에 도착했는데 전에는 이곳을 만주라고 불렀다. 그런데 현재 중국 사람들은 만주라고 부르는 것을 꺼리는데 아마도 예전에 일본 사람들이 그렇게 불렀기 때문인 것 같다. 내가 어렸을 때 만주라고 하면 살을 에는 추운 광야에 사람 살 곳이 아니라는 인상이 있었는데 막상 방문해 보니 그렇지 않았다. 물론 겨울에는 화씨 0도(섭씨 영하 17도)에 가까울 정도로 춥지만 8-9월에는 80도(섭씨 26도)를 웃돌 정도로 덥다. 그리고 야채와 과일이 무척 잘 자라고 맛이 좋다. 우리가 방문했을 때는 무더위가 한풀 꺾여 그리 덥지 않은 날씨였는데 발그스레 홍조를 띤 사과가 어찌나 달고 맛있던지! 파랗게 맑은 하늘과 깨끗한 바람 등 오염이 덜 된 환경에서 자란 덕분이 아닌가 싶다.

연길 시장의 과일들

또한 연길에서 잊지 못할 음식은 냉면이다. 여행객뿐 아니라 연길 사람들도 즐겨 찾는 전통 음식이다. 연길 냉면을 먹어보지 않았다면 연길에 왔다고 할 수 없을 정도로 연길에 오면 꼭 먹어봐야 하는 음식 중 하나라고 한다. 보통 냉면보다 좀 더 달짝지근하고 새콤하며 국물은 약간 붉은데 얼음처럼 차지도 않고 시원해서 맛이 가히 일품이다.

연길에서는 김학원 목사가 운영하는 고아원인 '사랑의 집'(애심원)에 묵으며 2주일 동안 조선족들을 위한 무의촌 진료를 했다. 우리 교회에서 김승욱 담임목사를 비롯해서 내과, 외과, 치과, 방사선과 의사와 약사 등 7명이 함께 갔다. 어느 선교지를 방문하든지 치과 의사가 가장 일이 많고 분주하다. 현지인 중에 이가 아프지 않은 사람이 없는데 연길도 마찬가지였다.

나는 이동식 초음파 기계를 가져가서 진찰했는데 처음 보는 기계를 보고 사람들이 무척 신기해하며 좋아했다. 사진의 환자는 뼈가 앙상히 드러난 수척한 중년 남자였는데 담석증이 있었고 간도 나빴다.

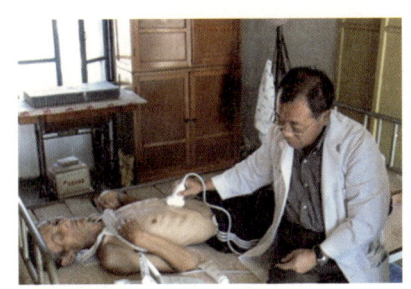
초음파 진료

연길의 조선족들은 고국을 떠난 지 수십 년이 지났지만 비교적 한국말과 한국 문화를 잊지 않고 있었다. 그들의 집을

연길시 촌락 무의촌 진료

방문했을 때 나는 방안에 커다란 가마솥이 여러 개 있는 것을 보고 놀랐다. 방이 침실 겸 부엌이었다. 방바닥 한쪽에는 나무판이 덮여 있는데 그 나무판을 들추면 넓고 깊은 구덩이에 불을 땔 수 있는 화덕이 나온다. 그리고 화덕 위에는 크고 작은 가마솥이 3-4개 놓여 있었다. 아마도 추운 지방이라 화덕을 지펴 음식을 만들고 또 데워진 화덕과 뜨거운 가마솥으로 방 안의 보온도 하는 일석이조의 지혜가 아닌가 여겨졌다. 음식 재료 준비도 방 안에서 했다.

연길의 안방 겸 부엌

'사랑의 집'(애심원)은 1993년에 김학원 목사 부부가 시작한 고아원으로 현재 고아 수십 명을 돌보고 있다. 김학원 목사는 고아들을 돌보는 일을 천직으로 알고 큰 고아원 건물도 손수 설계했다고 한다.

김 목사가 어렵게 고아원을 설립했던 이야기를 들으면서 크게 감동한 것이 있다. 김 목사는 고아원 설립 허가가 나오지 않고 여러 가지로 어려운 상황에 있었을 때 선천성 뇌척수막류라는 희귀병을 가진 신생아를 받아들이게 되었다. 그 아이는 곧 수술해야 하는 위급한 상황이었는데 중국에서는 수술이 불가능했다. 한국에 가야 고칠 수 있는데 수속이 어렵고 경비가 무척 많이 들었다. 김 목사는 그래도 한국에서 수술을 시켜야겠다고 마음먹었다. 다른 이들은 가능성이 없으니 죽더라도 그냥 두라고 모두 만류했지만 그는 꾸준히 한국행을 위해 힘썼다. 결국 이 수속을 맡았던 중국 관리 직원이 한 생명을 위해 애쓰는 김 목사를 보고 감동을 받아 적극적으로 도와주었다. 아이는 마침내 한국에 가서 수술을 받았으며 그 후 회복되어 잘 자라고 있다고 한다. 김 목사는 그 여아의 이름을 '주은애'라고 지어 주었다고 한다.

불쌍한 한 생명, 오로지 한 영혼을 위해 많은 시간과 정성과 돈을 드리는 것이 어떤 의미가 있는지 질문해 보게 된다. 그 정성을 다른 곳에 더 유용하게 쓸 수도 있지 않을까? 이 질문의 대답은 예수님께로부터 찾을 수 있다. 예수님은 잃어버린 양 한 마리를 찾기 위해 아흔아홉 마리의 양을 두고 찾으러 나가셨다(눅 15:4-6).

우리 교회에서는 1986년부터 케냐의 마사이 부족을 위한 의료 선교를 시작해 수많은 환자를 진료했다. 그중에 현지인 디모데 청년 한 사람과의 만남이 기억에 남는다. 우리 단기 선교팀 일행 중의 존 송(Dr. John Song)은 내과 레지던트를 막 끝낸 젊은 의사였다. 나는 그가 케냐에서 그의 통역을 맡았던 디모데라는 마사이 청년과 수시로 긴 대화를 나누는 것을 보았다. 그는 후에 디모데를 간호학교에 보내서 마사이 부족이 거주하는 지역에 세워진 '오리니에 진료소'를 맡는 훌륭한 전도자로 키우게 되었다. 오리니에 진료소는 한국의 '모든민족선교회'와 우리 교회가 협력해서 현지에 건립한 진료소다. 수백 명의 환자를 진료한 것보다 디모데 한 사람을 발견하여 그에게 관심을 가지고 간호사로 키우게 된 것이 마사이 의료 선교의 최고의 열매가 되었다.

사랑의 집 아이들

케냐 오리니에 진료소

의사의 손길이 닿지 않는 연길 시골 지역의 무의촌을 찾아가서 2주 동안 할 수 있는 진료는 아주 미미하다. 혈압과 당뇨 등을 측정하고 간단한 외상 환자를 치료할 수 있을 뿐이다. 타이레놀과 비타민을 나눠주고 가정 상비 약품을 나눠주며 건강을 지켜나가기 위해 유의할 점을 알려 주는 정도밖에는 할 수가 없다. 그러나 평생 의사들을 만나기 쉽지 않은 그들에게 우리는 의료 혜택보다 우리의 마음과 사랑을 전할 수 있는 것에 더욱 보람을 느낀다. 한 생명을 귀하게 여기며 한 영혼에게 간절한 그리스도의 사랑을 전할 수 있어서 감사하다.

04

아프가니스탄에 전하는 하나님 사랑

지구상에서 가장 위험한 나라 중 하나로 손꼽히는 아프가니스탄을 2주간 다녀왔다. 수도인 카불의 큐어(Cure) 선교병원에서 현지인 의사들에게 엑스레이와 초음파 등에 관한 강의를 하고 자문해 준 일이 보람이 있었다.

나는 2006년 6월 18일에 필라델피아를 떠나 다음 날 아침에 독일의 프랑크푸르트에 도착했다. 저녁에 프랑크푸르트를 떠나 아프가니스탄의 아리아나라는 비행기를 타고 아프가니스탄의 수도인 카불에 갈 예정이었는데 공항에 나가보니 비행기가 취소되었다고 했다. 여행 중에 비행기 취소는 자주 접하는 일이지만 이번은 조금 달랐다. 비행기가 아예 흔적을 감췄다고 한다. 선교를 다니다 보면 예기치 못한 일을 겪곤 하지만 단기 선교 22년 만에 이런 이야기는 금시초문이다. 모두 비행기가 어디로 어떻게 사라졌는지 모른다고 했다. 무슬림 억만장자가 수십만 달러를 주고 비행기를 납치해 가버렸다는 엉뚱한 추측을 하는 사람도 있었지만 믿어지지 않았다.

여하튼 비행기는 사라졌고 언제 다음 비행기가 있을지 아무도 예측할 수 없는 상황이었다. 밤 열두 시가 다 되어서야 공항을 나와 시내의 호텔을 찾기 위해 택시를 탔다. 그날따라 월드컵 축구 경기가 있어서 호텔은 초만원이었다. 가까스로 호텔 방을 구해 하룻밤을 자고 다음 날 아침 다시 공항으로 갔는데 밤새 감쪽같이 사라졌던 비행기가 어디선가 홀연히 나타났다는 것이다. 무사히 돌아온 비행기에 몸을 싣자 비로소 긴장이 풀렸다. 그렇게 아프가니스탄의 수도 카불에 예정보다 하루 늦게 도착하게 되었다.

다행히 나는 하루 늦게 아프가니스탄에 도착했지만 내 가엾은 짐은 아프가니스탄에 머무는 동안 영영 도착하지 않았다. 선교지에서 돌아오고 2개월 정도 지나서야 짐을 찾을 수 있었다. 집에서 자동차로 1시간 반 정도의 거리에 있는 미국의 큐어 선교부 본부에 짐이 도착했다고 해서 가서 찾아왔다. 그래서 카불에 머무는 동안 입을 옷이 없었는데 속옷 없이 2주일을 지냈지만 별문제는 없었다. 나는 어느 곳이든 선교지에 도착하면 가장 먼저 하는 일이 속옷과 양말을 빠는 일이어서 이미 익숙해져 있었기 때문이었다.

방사선과 의사인 나는 카불에 머무는 2주 동안 매일 X-ray, 초음파, CT, MRI 등의 슬라이드를 준비해 현지 의사들을 대상으로 강의했다. 또한 의사들과 함께 환자 회진을 돌고 X-ray와 초음파 결과를 보면서 의사들과 토론하는 시간을 가졌다. 비록 내 짐은 도착하지 않았지만 다행히 가져온 가방에 강의할 자료들이 있어서 계획했던 강의는 할 수 있었다.

큐어 선교병원에서 만난 아프가니스탄 사람들은 대개 말수가 적은 데다가 내가 그 나라 말을 하지 못했기 때문에 대화를 거의 나누지 못했다. 다행히 병원에는 내가 아는 박세업이라는 한국 외과 의사가 있어서 반갑게 만났고 또 아프리카에서 알고 지내던 팀 페이더(Tim Fader)라는 미국 내과 의사도 있어서 한결 마음이 놓였다.

아프가니스탄 의사들은 의학 지식이 깊지만 지식으로는 아는데 X-ray나 초음파를 실제로 사용해 본 경험은 적었다. 그러나 CT와 MRI가 없어서 강의로만 알려줄 수 있을 뿐이었다. 다른 의료 기계들 역시 부실해서 그곳의 의사들은 의학 지식에 비해 실제적인 경험과 실력은 상대적으로 낮다고 생각되었다. 그들에게 슬라이드 강의로 도움을 줄 수 있어 감사했다.

큐어 선교병원(카불, 아프가니스탄)

현지 의사들을 위한 CT 강의

큐어 선교병원은 주로 의료 선교를 하는 큐어 인터내셔널 선교부에서 운영한다. 병원은 아프가니스탄 외에 에티오피아, 케냐, 말라위, 니제르 등지에 있다. 다른 나라에 있는 큐어 선교병원에서는 환자 진료 외에 하나님 말씀을 전할 수 있었지만 아프가니스탄에서는 허용되지 않았다. 그래서 나는 말씀을 전혀 전할 수 없는데도 선교라고 할 수 있을까 의문이 들었다.

인도양에 위치한 코모로 섬에 선교사로 나갔던 빌 바넷(Bill Barnett)이라는 외과 의사가 있다. 그는 아프리카 내지선교회(AIM)에서 파송된 선교사였는데 무슬림들이 사는 섬에서 지내며 의사로서 환자들을 진료할 뿐 하나님 말씀은 전혀 전하지 못한다고 했다. 말씀을 전하지 못하는 선교사를 선교사라고 할 수 있겠는가? 이 문제를 놓고 풀러신학교에서 나의 강의 시간에 학생들에게 토의를 하게 한 적이 있는데 긍정적인 결론이 나왔다. 한국의 아세아연합신학대학교에서도 학생들에게 같은 토의를 시켜 보았는데 반론이 오고 가기도 했지만 역시 결론은 긍정적으로 나왔다. 하지만 일반적인 한국 사람들의 경우는 다르다. 미국 사람들의 경우 대부분 '이것은 이미 선교'라고 말했지만 반면에 한국 사람들은 아니라는 반응을 적지 않게 했다.

나는 어느 날 빌 바넷에게 전화를 걸어 그의 생각을 물어보았다. 그는 코모로 섬에서 사역하기 전에 케냐에서 선교사로 섬겼다. 그는 케냐에서 선교할 때는 말씀을 전할 수 있어서 마음이 편했지만 코모로에서는 말씀을 전하지 못해서 답답하고 힘들었다고 한다. 비록 당장 말씀을 전할 수 없을지라도 그곳에서 친절하게 환자를 돌보는 그 자체가 선교이며 나중에 후배들에게 길을 열어 주어 훗날 이곳에 전도의 기회가 올 수 있을 것이라고 대답해 주었다.

아프가니스탄은 훤한 대낮에도 자살 테러와 납치 등이 발생하는 위험하기 짝이 없는 곳이다. 이곳에서 의료 사역을 하고 있는 귀한 한인 의료 선교사들이 있다. 그중에 박경남 부부와 박세업 부부가 있다.

박경남 부부는 부부가 둘 다 외과 의사다. 이들이 내가 살았던 필라델피아에 있는 미국의 WEC(Worldwide Evangelization for Christ) 선교부에서 선교사 파송식을 할 때 나도 참석해서 안수하고 보낸 일이 있었다. 그때 나는 저렇게 젊고 잘생긴 부부가 어떻게 그 힘들고 위험천만한 아프가니스탄에 가기로 했을까 궁금하고 그들이 측은하기도 했다. 그런데 그런 위험한 곳에 이제 내가 온 것이다.

아프가니스탄에는 박세업이라는 외과 의사가 있는데 미국의 존스 홉킨스 의과대학에서 MPH(Masters of Public Health, 공중 보건) 석사도 마쳤다. 그는 박경남 씨와 성씨도 같고 같은 외과 의사이며 같은 시기에 아프가니스탄에서 사역을 해서 종종 헷갈리기도 했다. 그는 큐어 선교병원 외과에서 일하다가 현재는 모로코에서 사역하고 있는데 키가 크고 잘생긴 외과 의사다. 부인도 아름답고 성격이 부드러워서 친밀감이 든다. 한번은 박세업 씨가 우리 교회에 선교 보고를 하기 위해 온 적이 있다. 나는 그와 함께 온 부인도 같이 선교 보고를 했으면 좋겠다고 제의했다. 그래서 부인도 보고를 하게 되었는데 많은 사람이 감명을 받았다. 때로는 사람들의 가슴을 울리는 섬세한 이야기를 여성들이 더 잘 전달하는 것 같다. 그날 이후로 우리 교회에서는 선교 보고를 할 때 가능하면 부인도 함께 하는 것을 권장하고 있다.

큐어 선교병원에 가 있는 동안에 박세업 씨가 어느 날 내게 자문을 구했다. 큐어 선교병원에서 그에게 외과 과장을 권했는데 자기가 과장을 하는 것이 좋겠냐고 물어 온 것이다. 나는 과장은 하지 말고 외과 의사로서만 일하는 것이 좋을 것 같다고 내 생각을 말해 주었다. 현지 의사들은 외국인 의사가 과장이 되는 것을 달갑게 여기지 않기 때문이다. 오히려 선교지에서 높은 자리에 올라가면 시기와 질투의 대상이 될 수 있다. 또한 말단에서 일하면 누가 뭐라 할 사람이 없어 좀 더 편하게 사역에 힘쓸 수 있다.

아프가니스탄에 와서 인상 깊었던 것은 여자들의 복장이다. 부르카라는 옷은 머리끝부터 발끝까지 온몸을 가리는 옷인데 눈이 있는 부분도 망사로 되어 있어 겨우 밖을 볼 수 있다.

어느 날, 카불 시내를 걷던 중 부르카를 입은 사람들이 내 눈앞에서 걸어가는 것을 보고 잠시 발걸음을 멈추고 말았다. 마치 송장이 홀연히 걸어 다니는 것처럼 섬뜩했기 때문이다. 우리나라에서는 조선 시대에 여자들이 외출할 때 머리까지 덮는 장옷이라는 긴 옷을 입고 때로는 삿갓을 쓰고 다녔다고 한다. 그 당시 한국에 온 서양 선교사들도 나처럼 충격을 받았을 것 같다. 부르카는 중동의 옷 가운데 제일 보수적인 옷이다. 부르카를 입은 아프가니스탄의 여인들을 보면 측은한 생각이 든다. 옷차림만 봐도 이곳 여성들의 인권이 얼마나 비참할지 짐작이 되었다. 우리나라처럼 그곳에도 복음이 전해져 그들의 영혼이 구원되었으면 좋겠다. 더불어 아프가니스탄의 문화가 개혁되고 여성의 인권도 향상되었으면 하는 바람이다.

부르카 다음으로는 니캅이 보수적인 옷인데 니캅도 온몸을 가리지만 눈 쪽은 뚫려 있다. 가장 개방적이고 간단한 것은 히잡이다. 히잡은 머리만 덮는데 주로 젊은 여인들이 많이 사용한다.

카불 시내에 아리랑이라는 한국 식당이 있다. 나는 이 무시무시한 나라에 한국 식당이 있다는 것이 믿어지지 않았다. 나는 선교지에 가면 현지 선교사들에게 식사를 대접하곤 한다. 이때도 박 부부를 비롯한 미국 선교사들과 자녀들 십여 명을 초대해서 함께 식당에 갔다. 식당 주인인 한국인 부부가 반갑게 우리를 맞아 주었다. 우리는 불고기를 넉넉히 주문했다. 숯불에 굽는 것이 아니고 큰 냄비에 볶아서 먹었는데 고기가 채 익기도 전에 어른이나 아이 할 것 없이 정신없이 맛있게 먹었다. 불고기와 김치를 맛있게 먹는 모습을 보면서 선교지에서 먹을 것이 신통치 않았겠구나 생각하니 왠지 마음의 빚을 진 듯 미안한 마음이 들었다.

아프가니스탄에 다녀오면서 아프가니스탄 사람들을 위해 몸 바쳐 일하는 두 박 씨 가정과 같은 한국인 선교사들이 있다는 것에 감사했다. 기독교인으로서 예수님의 사랑으로 봉사하는 것 자체가 선교다. 이들이 비록 하나님 말씀을 전하지는 못해도 복음의 불모지에 꾸준히 하나님의 사랑의 씨를 뿌리고 있다. 그들은 우리의 자랑이자 하나님의 기쁨이다.

05

도미니카와 태권도 그리고 복음 팔찌

도미니카 공화국은 카리브해에 있는 아름다운 섬으로 동쪽은 도미니카 서쪽은 아이티, 이렇게 두 나라로 나누어져 있다. 우리 교회는 그곳에 있는 김창식 선교사와 연결되어 2006년 11월 25일에 단기 선교를 다녀오게 되었다. 이곳에서의 중점 사역은 학교 사역과 의료 선교였다.

그런데 의료 선교에 문제가 좀 생겼다. 단기 선교팀 일행 중 의사는 나 혼자였는데 나는 도미니카 의사 면허가 없었기 때문이다. 그 나라의 면허 없이 의료 행위를 하는 것은 옳지 않다. 우리 교회에서는 케냐 마사이 지역에서 거의 30년간 단기 의료 선교를 해왔는데 우리는 모두 케냐의 의사 면허증을 갖고 있다. 아무리 가난한 나라에 가더라도 그 나라의 법을 지켜야 한다. 하지만 방문하는 선교지에서 모두 의사 면허를 받기란 정말 어려운 일이다. 아예 면허를 내주지 않는 나라들도 있다. 이럴 때는 그 나라 의사를 고용한 뒤 우리가 그 사람 밑에서 돕는 조수의 역할을 하면 된다.

페루 안데스산맥 속의 마을로 무의촌 진료를 나갔을 때는 일주일간 무료로 자원 봉사를 해 주는 페루의 내과 의사와 치과 의사가 있어서 진료를 무사히 마쳤었다.

도미니카 학생 진료(하이티에서 온 여의사)

하지만 도미니카에서는 자원 봉사를 하는 의사를 구하지 못했다. 그런데 다행히도 옆 나라 아이티에서 여의사 두 사람을 아주 적은 사례금을 주고 초청해 올 수 있었다. 그래서 진료도 하고 약을 나누어 줄 수 있었다.

의사를 구하느라 고생하다 보니 선교지에서 의사가 절대적으로 부족할 경우 비의료인들을 활용하면 된다고 말한 비거 올슨(Viggo Olsen)이 생각났다. 1994년 방글라데시 선교를 갔을 때 그를 만났던 기억이 생생하다. 내가 올슨 박사에게 관심을 갖게 된 것은 그의 특별한 의료 선교 정책 때문이었다. 그의 13가지 의료 선교에 관한 정책을 접한 후 나는 그를 직접 만나보았으면 하는 바람을 가지고 있었다. 그러던 중 방글라데시 선교를 갔을 때 그가 사역하는 말룸갓 기독병원을 찾아가 그를 만날 수 있었다.

빛나는 은발의 노신사 올슨이 병원 입구에서 우리를 반갑게 맞아 주었다. 얼굴 가득 머금고 있는 환한 미소가 우리를 환영한다고 말해 주는 것 같았다. 우리는 의료 선교사 지망생인 아담이라는 미국인 대학생과 동행했는데 올슨으로부터 선교지 병원 운영에 관한 여러 효율적인 방법들을 배웠다. 그중에 현지인을 훈련해서 환자 진료를 돕는 방법이 있다.

물론 의사가 환자를 진찰해야 하지만 의사의 수가 절대적으로 부족한 선교지에서는 하루에 200-300명씩 몰려오는 환자를 어떻게 해야 할까? 의사가 환자를 꼼꼼히 진찰하는 대신 시간이 부족해서 다 진료하지 못하는 환자는 그냥 돌려보내야 할까? 아니면 환자를 대충 진찰해서 병원을 찾는 모든 환자를 어느 정도라도 치료해서 돌려보내야 할까? 이렇게 두 가지 선택을 생각해 볼 수 있다.

그런데 올슨은 이 두 가지 방법 외에 다른 방법을 택했다. 현지인을 훈련하는 일인데 3개월, 6개월 그리고 1년의 다양한 프로그램을 만들었다. 3개월 훈련생은 환자를 분류해 주는 정도의 일만 하고, 6개월 훈련생은 간단한 진료를 하며, 1년 훈련생은 처방과 외상 환자도 돌보게 하는 방법이다. 물론 오진할 확률이 높아지겠지만, 병원을 찾는 환자를 모두 다 진료하고 5% 정도의 오진을 하는 것이 50%의 환자밖에 치료하지 못하고 그냥 돌려보내는 것보다 낫지 않겠냐는 이론이다.

나는 올슨의 이론이 선교지 병원에서 겪고 있는 의사 부족의 고질적인 병폐를 해결하는 데 도움을 줄 것이라는 생각이 들었다. 그러기 위

태권도 시범을 지켜보는 아이들   고재덕 태권도 사범의 시범

해 의료 선교 정책을 세울 때 이것을 염두에 두고 간호학교 운영에 좀 더 관심을 기울인다면 효율적으로 병원을 운영해 나갈 수 있을 것이라는 생각을 갖게 되었다.

　태권도는 도미니카 선교 때에 할 만한 좋은 프로그램이었다. 우리 교회의 고재덕 태권도 사범이 단기 선교에 동행하게 되었다. 태권도가 선교에 많은 도움을 준다는 말을 익히 들어왔는데 우리 교회에서는 처음 있는 일이라 궁금했다. 태권도는 이번 선교 여행 중 최고의 프로그램이었다. 학교 강당에 어린이들을 모아 놓고 청군과 홍군으로 나누어 태권도 구호를 시작했다. 청군이 "태-권-도!"라고 크게 구호를 외치면 홍군이 청군보다 더욱더 크게 "태-권-도!"를 외쳤다. 그다음에 다시 청군이 이에 질세라 더욱 큰 소리로 외쳤다. 그렇게 외침은 점점 커지고 천장이 울리도록 열기가 대단했다.

　태권도의 기본과 기술보다 태권도에 온전히 집중하는 아이들의 모습이 더욱 인상적이었다. 그 당시 학교 강당에 쩌렁쩌렁 울렸던 구호 소리와 태권도 동작을 배우는 아이들의 흥분된 표정에 매료된 나는 태권도를 배워보고 싶다는 생각을 가지게 되었다. 그때로부터 12년이 지난 작년부터 나는 태권도를 배우기 시작했다. 내 나이 82세에 말이다. 태권도는 건강뿐 아니라 긍정적인 생각을 갖게 하는 운동이다. 정

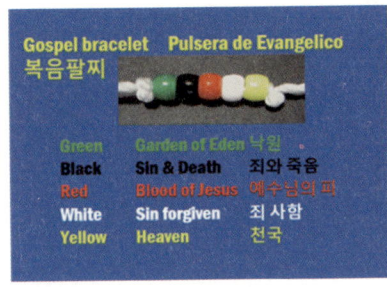

복음 팔찌의 의미

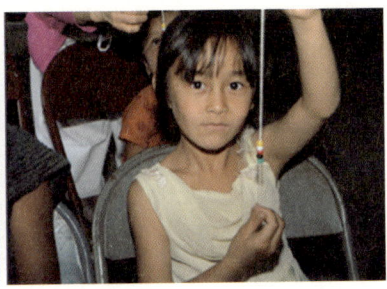

복음 팔찌를 만든 아이들

신력 향상과 집중에 무척 좋은 프로그램이라는 것을 몸소 체험했다.

우리 일행은 초등학교 학생들을 대상으로 학교 사역을 했는데 성경교실에서 복음 팔찌를 만들어 말씀과 영어를 함께 가르쳤다. 복음 팔찌는 말로만 설명하는 주입식 수업보다 훨씬 효과적이었다. 다섯 개의 서로 다른 색깔의 구슬을 하얀 줄에 꿰어 팔찌를 만드는 것이다. 초록, 검정, 빨강, 하양, 노랑, 각기 다른 색의 구슬은 성경의 의미를 담고 있다.

- 초록색 : 하나님이 만드신 낙원, 에덴동산.
- 검은색 : 죄가 들어와 인간이 고통을 받게 되고 죽음에 이르게 됨.
- 빨간색 : 우리의 힘으로 죄를 해결할 수 없어 예수님이 피를 흘리며 돌아가심.

- 흰색 : 예수님이 십자가에서 돌아가심으로 우리가 깨끗하게 죄를 용서 받음.
- 노란색 : 황금빛 천국으로 돌아감.

현지 선교사가 아이들에게 복음 팔찌에 대해 스페인어로 설명을 하면 우리는 영어로 다시 아이들이 따라 읽을 수 있도록 도와주었다.

선교를 다니다 보면 영어를 가르칠 일이 생긴다. 나는 2006년 TEFL(Teacher of English as a Foreign Language) 자격증을 받았다. 영어 교육은 ESL과 EFL, 이렇게 두 가지 프로그램이 유명하다. ESL은 미국처럼 계속 영어를 들을 수 있는 곳에서 개발된 프로그램이다. EFL은 외국에 사는 사람들을 위한 프로그램이다. EFL은 학생들이 영어 강습을 끝내고 밖에 나가면 영어를 전혀 들을 수 없는 나라, 예를 들면 중국 같은 곳에서 사용하면 좋은 프로그램이다.

71세 때 받은
TEFL 영어 교사 자격증(2006)

TEFL 교육 방법에서 여러 가지를 배웠는데 그중 한 가지 예를 들면 어느 학생이 문법적으로 틀린 말을 할 때 당장 고쳐주지 않는 것이다. "I am a boy."가 맞는 말인데 누군가 "I are a boy."라고 말했을 경우 그 자리에서 지적하지 않는다. 그 자리에서 바로 지적하면 그 아이가 주눅이 들어 아예 입을 닫아 버리고 말을 안하게 되기 때문이다. 실수를 해도 넘어가다 보면 몇 차례 반복하다가 스스로 알아서 고쳐가는 방법을 택하게 된다.

당시 김창식 선교사 부부가 도미니카에서 학교 사역을 잘 감당하고 있었다. 우리 교회의 도미니카 선교가 계속되기를 바랐었는데 한국에서 교회를 담당하기 위해 귀국해야 하는 바람에 우리 교회의 도미니카 선교가 중단되어 참으로 아쉬웠다.

김창식 목사 부부가 사역하던 초등학교

김평강 사모

김창식 목사

MEDICAL MISSION

06

네팔의 3억 3천만의 신

　네팔은 에베레스트산을 비롯해서 만년설로 뒤덮인 높은 산들로 둘러싸인 나라라는 인상이 늘 내 머릿속에 있었다. 하지만 네팔의 수도 카트만두를 떠나 포카라로 가는 길에 이 선입견이 깨졌다. 날씨는 온화하고 푸른 산에는 잎이 무성한 나무들과 맑은 시냇물이 흘러 경치가 무척 아름다웠다. 때는 2009년 5월이었다.

　네팔은 내가 아는 여러 선교사가 사역을 했던 곳이다. 1989년에 케냐의 마사이 단기 선교에서 만났던 정현숙 간호사가 지금은 네팔에서 사역하고 있다. 그녀는 그 당시 황무지 같은 마사이 광야에서 전미령 간호 선교사와 함께 텐트를 치고 사역하고 있었다. 나는 그녀가 케냐 선교 후에 한국에서 박웅현 목사와 결혼하고 부부가 함께 네팔로 갔다는 소식을 들었다. 언젠가 네팔에 가서 정 선교사를 꼭 만나고 싶었는데 마침 우리 필라델피아 한인연합교회에서 그곳으로 단기 선교를 간다고 해서 나는 기꺼이 동행하기로 했다.

단기 선교는 복음 전파나 의료 사역 못지않게 현지에서 수고하는 선교사들을 만나는 일 또한 중요하다. 선교사들은 고향을 떠난 외로움과 그칠 줄 모르는 사역, 그리고 낯선 기후와 음식 등으로 육체적으로는 만성 피로를 겪으며 정신적으로도 탈진하는 경우가 적지 않다. 그럴 때 선교지를 방문하는 단기 선교팀은 그들에게 위로가 된다.

단기 선교팀이 짧은 1-2주 동안 현지 사역을 돕는다면 얼마나 도울 수 있겠는가? 하지만 선교사님들의 사역을 지지하며 먼 길을 마다하지 않고 찾아왔다는 것만으로도 그들에게는 힘이 된다. 그래서 잠시라도 그들의 땀을 식혀줄 수 있으리라 믿는다. 눈에서 멀어지면 마음에서도 멀어진다고 하듯이, 반대로 자주 만나다 보면 정도 더 생기게 된다. 또한 후원 교회 선교팀의 방문은 후원 교회가 현지 사정을 좀 더 이해할 수 있게 도와주기에 선교사들은 후원에 대한 염려를 좀 덜 수 있을 것이다.

마사이에서 만난, 키가 훌쩍 큰 정현숙 선교사는 어찌나 기도를 쉬지 않고 하는지 하루에도 수십 번 수백 번 시시때때로 눈을 감고 기도하곤 했다. 나는 그 모습에 큰 감동을 받았다. 마사이에서 처음 그녀를 만났을 때 그곳 원주민들은 그녀를 "천사"라고 불렀다. 원주민들을 대하는 그녀의 한결같은 사랑에 감동하여 천사처럼 여겨진 듯하다.

박웅현 선교사는 네팔에서 기독교 서점을 운영하며 교회 지도자를 양성하고 있었다. 아내 정현숙 선교사는 간호사로 환자들을 돌보는 일 외에 원주민 여성들을 모아 성경 공부를 시키며 제자 훈련을 했다. 또 음악에도 조예가 있어 현지인들에게 노래를 가르치며 하나님 말씀을 전하고 있었다.

전미령, 정현숙 간호 선교사(마사이, 1989)

우리 일행은 그 부부가 세운 선교관에 묵으며 그들의 사역에 대해 듣고 사역지를 돌아보았다. 또한 수도 카트만두를 떠나 그곳에서 두 시간가량 떨어

네팔의 박웅현, 정현숙 선교사 부부

진 포카라와 근처 작은 마을을 돌며 무의촌 진료를 했다. 우리 일행 5명 중 의사는 나 혼자여서 나는 환자를 진료하고 다른 일행은 현지인들의 혈압을 재고 시력 검사를 하며 비타민과 상용 약을 나눠 주었다. 동양 사람들은 대체로 말이 적고 약을 나누어 주어도 마음을 잘 드러내지 못하는데 내가 만난 네팔 사람들은 활짝 웃으며 감사의 표시를 해 주어서 고마웠다.

네팔에는 많은 한국인 의료 선교사가 다녀갔다. 내가 아는 사람들만 해도 강원희, 김명호, 양승봉 등의 훌륭한 선교사들이 수고했다. 또한 인터서브선교회의 이사이며 나를 인터서브 USA 이사로 추천해 준 미국인 외과 의사 톰 해일(Tom Hale)과 부인인 소아과 의사 신시아 해일(Cynthia Hale)이 26년 동안 네팔의 히말라야산맥 지역에서 의료 선교를 했다.

네팔의 카트만두나 포카리 동네를 다니다 보면 수없이 많은 '신'들을 만날 수 있다. 수많은 신의 그림이 집이나 길거리 어디든지 산재해 있다. 버스 안팎에도 수십 가지 모양의 신들이 그려져 있다. 힌두 신은 '3억 3천만의 신'이라고 알려져 있는데 3억 3천만이라는 숫자는 구체적인 숫자가 아니라 상징적인 숫자로 이해하면 좋을 것이다. 실제로 셀 수 없을 만큼 큰 숫자이기 때문이다. 3은 힌두교에서 중요한 숫자다. 그들은 이 세계는 천상, 지상, 지하 이렇게 셋으로 나뉘어 있으며 세계를 이루는 것은 시간, 공간, 인연의 셋으로 되어 있다고 믿는다. 이 3이라는 숫자에서 '3억 3천만의 신'이 있다는 말이 발생한 듯 하다. '3억 3천만의 신'이라는 말 속에는 세상 만물 모든 것 안에 신이 존재한다는 의미가 내포되어 있다. 우리나라에도 옛날에는 미신이 많 았는데 선교사들을 통해 그리스도의 복음을 듣고 예수를 구주로 믿는 사람들이 많아지면서 미신이 점차 사라지게 되었다.

나는 선교지에 갈 때마다 내가 예수 그리스도를 구주로 믿고 기독교 인이 된 것이 얼마나 큰 축복인지 새삼 느끼게 된다. 선교지뿐 아니라 어디서든지 항상 이 축복을 느껴야 하겠지만, 선교지에 오면 더 감사한 마음이 생기게 된다. 이는 단기 선교에 동참하면서 받는 큰 축복이 아닐 수 없다.

카자흐스탄 고려인의 정체성

우리 교회에서 선교사로 파송한 김동권 목사의 사역지를 방문하기 위해 2003년 5월 15일 카자흐스탄의 수도 알마티에 도착했다. 김승욱 담임목사를 비롯해 모두 여섯 사람이 함께 갔다. 카자흐스탄은 중앙아시아에서 면적이 가장 큰 나라다. 인구의 약 70%가 이슬람이고 기독교인이 약 25%다. 이곳에 약 십만 명의 고려인이 살고 있다고 한다.

고려인이란 러시아를 비롯한 중앙아시아에 사는 한국인들을 일컫는 말이다. 이들은 우즈베키스탄, 카자흐스탄, 타지키스탄 등지에 흩어져 사는데 본래 연해주에 살고 있었다. 연해주는 소련의 제일 동쪽 끝 프리모르스키 지방인데 만주와 접해 있고 함경북도의 북쪽에 있다. 연해주는 바다 연안에 있다는 뜻을 가지고 있다. 행정 중심은 블라디

우슈토베 정착지

보스토크다.

1937년에 스탈린은 연해주에 살던 한국 사람들을 일본의 스파이라는 누명을 씌워 중앙아시아 지방으로 강제 이주시켰다. 약 17만 명이 기차로 연해주에서 카자흐스탄의 우슈토베로 이주당했고 다른 중앙아시아 여러 곳에 흩어져 살게 되었다. 현재 약 50만 명의 고려인들이 중앙아시아에 흩어져 살고 있다고 한다.

고려인들은 힘겨운 고난에 시달렸지만 쌀농사를 지어 정착할 수가 있었다. 이들은 한국인의 모습을 하고 있지만 이민 4세를 지나면서 점차 소련화 되었으며 언어와 문화도 소련 사람에 더 가깝다고 보면 된다.

우리 일행은 한두 사람씩 나누어 고려인 가정에서 민박을 했는데 내

우리가 민박했던 소련군 장교 출신 고려인 부부와 그의 집

가 묵었던 집의 주인은 소련군 장교를 역임하고 현재는 은퇴한 고려인 3세였다. 고려인들 중에는 기독교인이 많지 않았고 이 가정의 부부도 기독교인이 아니었다. 그들이 한국말을 조금 할 수 있어서 나는 내 소개를 간단히 마친 후 "예수님의 사랑을 나누고 싶어 이곳에 왔습니다."라고 천천히 말했다. 종교에 관해 더 많은 대화는 나누지 못했지만 내가 먼 미국에서 이곳을 찾은 이유를 설명한 것만으로도 충분했고 또 감사했다. 그리고 우리를 집안으로 들여 따뜻한 잠자리와 식사를 준비해준 그들이 고마웠다.

가정집 교회와 성가대

우리는 카자흐스탄에서 교회를 두 군데 방문했는데 한 곳은 소박하나마 교회 건물이었고 다른 한 곳은 양철 지붕을 드리운 가정집이었다. 이 두 교회에는 20-30명의 고려인이 예배에 참석하고 있었다. 설교는 고려인 3세 목사가 인도하고 우리 교회에서 파송된 김동권 선교사가 성경 공부를 인도했다. 우리가 그곳에 방문했을 때 함께 간 김승욱 담임목사가 설교를 전했고 나는 찬양을 했다.

교회를 방문한 날 예배 후에 식사 대접을 받았다. 음식 맛은 조금 달랐지만 한국식이었다. 말고기 요리가 나왔는데 소고기와 비슷하지만 기름기가 아주 적었다. 이상한 냄새도 나지 않고 맛있었다. 식사 후에 그 교회 성도들이 춤을 추며 아리랑을 불렀다. 이곳의 이민 1세나 2세는 한국을 그리워하는 마음이 있을 것이다. 그러나 이민 3세, 4세가 되면 한국의 정서는 거의 사라져 가는 것 같다. 이들을 한국 사람이라고 해야 할까, 카자흐스탄 사람이라고 해야 할까? 이들의 정체성은 무엇일까 궁금했다.

정체성 문제는 고려인뿐만 아니라 미국에 사는 한인 교포들도 항

고려인 2세

김영훈 의사와 고려인 3세

상 가지고 있는 일이다. 미국에 여러 민족이 섞여 살지만 'Jewish American'(유대계 미국인)이라든가 'Indian American'(인도계 미국인) 그리고 'Japanese American'(일본계 미국인)이라고 민족을 강조하는 말은 거의 들어 보지 못했다. 유독 한국 사람들이 'Korean American'(한국계 미국인)이라는 것을 강조하는데 이는 민족성이 강하기 때문이라고 생각한다.

정체성 문제로 가장 많이 고민했던 민족은 유대인일 것이다. 그들은 나라가 없어진 후 2천년 동안 세계 각지에 흩어져 살았다. 나의 친구 중에는 유대인 의사들이 많다. 이들이 어떻게 유대인의 정체성을 지켜 왔는지 궁금해서 여러 가지 질문을 던져 보았다. 민족의 정체성은 언어와 음식과 긴밀한 관계가 있다고들 말한다. 그러나 나의 유대인 친구 톰 골든버그(Tom Goldenberg)에게서는 엉뚱한 대답을 들었다.

톰(Tom)은 유대인 2세다. 그 또래 유대인 중에 유대 말을 하는 사람이 몇 퍼센트나 되겠냐고 내가 물었더니 5% 정도로 추측된다고 했다. 적어도 50%는 유대 언어를 말할 줄 알 것이라 생각했는데 전혀 뜻밖이었다. 그는 덧붙여 설명했다. 그는 가정 교육을 받을 때 어느 나라에서든 성공하려면 먼저 그 나라 언어를 제대로 해야 한다는 말을 자주 들어왔다고 한다. 그래서 유대인 가정에서는 현재 거주하는 나라의 언어부터 가르친다고 한다. 음식은 유대 음식을 먹느냐고 물었더니 음식도 미국 음식을 먹는다고 한다. 그러면 유대 언어를 쓰지 않고 유대 음식도 먹지 않는데 어떻게 유대인의 정체성을 유지하느냐고 물었더니 '종교와 법'이라고 대답했다.

유대인들은 지키는 절기와 법이 많다. 신년(Rosh Hashanah), 대속죄일(Yom Kippur), 유월절(Pesach), 맥추절(Shavuot), 초막절(Sukkot), 수전절(Chanukah) 등 큰 절기에는 그 절기를 지키느라 학생들이 학교에 오지 않는다. 지역에 따라 공립학교가 문을 닫을 정도다. 유대인의 성인식(Bar Mitzvah)은 관심 있게 보아야 할 큰 행사다. 자녀들이 13세가 되면 공식적으로 유대인이 되는 예식을 치르는 것이다. 유대인의 문화와 법을 가르치고 성대하게 파티를 열어 유대인의 정체성을 확고하게 심어 주는데 참으로 부러운 풍습이다.

그렇다면 미국 시민권을 가지고 50년 이상 미국에서 살고 있는 나는 누구인가? 미국에 사는 우리 후손들은 어떻게 정체성을 유지하고 살아갈 것인가?

미국에 살지만 한국의 말과 문화를 철저히 심어 주어야 한다고 주장하는 사람이 있는가 하면 미국 문화에 적극 동화되어야 한다고 생각하는 사람들도 있다.

테레사 수녀는 오래전 UN 연설에서 자신을 이렇게 표현했다.

나는 핏줄로는 알바니아 사람입니다.
법적으로는 인도 사람입니다.
그러나 나는 예수님께 속한 사람입니다.

나는 'Korean American'이라는 말을 그다지 좋아하지 않는다. 반은 한국 사람이고 반은 미국 사람이라는 뜻으로 여겨지기 때문이다. 그보다 나는 100% 한국 사람인 동시에 100% 미국 사람이라고 생각한다. 미국에 사는 우리의 자녀들도 한국인도 미국인도 아닌 어정쩡한 주변인으로 살아가는 것이 아니라 100% 한국 사람이며 동시에 100% 미국 사람으로서 한국인과 미국인의 장점을 모두 경험해서 배울 수 있다는 자부심을 갖고 살아갈 수 있기를 바란다. 김춘근 장로의 말과 같이 우리는 'Korean American'이 아니라 'American with

Korean heritage', 즉 한국 피를 가진 미국인이라는 말에 전적으로 동의한다.

'나는 누구인가'라는 질문에 대한 해답은 다름 아닌 예수님 안에서 찾을 수 있다. 예수님은 100% 하나님이신 동시에 100% 인간이셨다. 이것은 쉽사리 이해하기 힘든 신비스러운 일이지만 예수님은 이런 불가사의한 진리의 가능성을 몸소 보여 주셨다.

일본 강점기에 3.1운동의 주축이 되었던 사람들은 기독교인들이었다. 그들에게는 애국심과 기독교인이라는 정체성이 있었다고 생각한다. 한국에는 불교와 유교 등 여러 종교가 있지만 나는 우리 자녀들에게 기독교가 더 전파되어 후손들이 하나님의 자녀라는 든든한 정체성을 갖고 살아갈 수 있기를 바란다.

우리가 어디에 살든지 누구와 결혼하든지 우리는 완전한 한국인이며 하나님의 자녀다. 이러한 뚜렷한 의식을 가지고 긍정적이고 당당하게 살아가기를 예수님은 우리에게 바라고 계실 것이다.

MEDICAL MISSION

과테말라에서 열린 세계전문인선교대회

예수님은 전도 여행을 다니면서 늘 병자를 고쳐 주셨다. 복음서의 75%는 예수님이 복음 전파에 힘쓴 이야기이며 25%는 치유의 이야기다. 예수님이 하신 일을 본받아 우리도 선교 활동의 25% 정도를 병든 환자를 치유하고 현지인의 삶을 향상할 수 있도록 힘써야 할 것이다. 그러나 전체 선교 중 의료 선교가 차지하는 부분은 세계적으로 4%이다. 한국에서 파송되는 선교사의 경우는 전체 선교 사역 중 2.5%만이 의료 선교인 실정이다. 앞으로 다양한 분야의 전문인들이 의료 선교 사역에 함께 동참하면 의료 사역을 좀 더 활발하게 펼칠 수 있을 것이다.

2007년 10월 15일, 나는 과테말라에서 열린 '세계전문인선교대회'

의 강사로 참석해서 각각의 분야에서 활동하는 전문인들이 어떻게 의료 선교에 참여할 수 있는지에 관한 내용을 소개했다. 이 선교대회는 세계전문인선교회(Professionals for Global Missions, PGM) 주최로 열렸다. PGM은 필라델피아 안디옥교회의 담임인 호성기 목사가 대표를 맡고 있다. 전문인이면 어느 곳에서나 선교사의 일을 할 수 있다는 생각으로 다양한 분야의 전문인들을 선교에 동참케 하고 있는 선교회다. 여기서 전문인이란 의사나 간호사, 약사 등에 국한하지 않고 미용사, 목수, 재봉사, 화가, 음악가, 자동차 정비사, 농부 등 모든 분야의 재능과 기술을 가진 사람들을 포함한 말이다. 의료 선교에서도 여러 기술이나 재능이 모두 유용하게 사용되기 때문이다.

1978년 소련의 알마아타에서는 세계보건기구 주관으로 범세계적인 모임을 가졌다. 여기서 시작된 것이 '일차 보건 의료'(PHC, Primary Health Care)이며 이와 병행해 기독교 선교계에서는 비슷한 형식의 의료 체계인 '지역 보건 전도'(CHE, Community Health Evangelism)가 나왔다.

지역 보건 전도의 중요한 목표는 첫째, 의사가 아닌 비의료인, 즉 목사나 교사 혹은 그 밖의 어떤 직업의 사람이든 상관없이 의료에 동참하는 것이다. 둘째, 병의 치료보다는 예방과 건강 관리 교육에 중점을 두는 것이다.

건강 관리는 주로 교육을 통해서 이루어진다. 교육에는 적절한 교재를 활용할 뿐 아니라 그림과 연극, 노래 등 다양한 시청각 교육을 총동원할 수 있다. 선교지의 원주민들은 대체로 글을 읽을 수 없으므

지역 보건 전도의 세계적 권위자 닥터 파운튼(왼쪽)과 함께(자이르 보건소, 1987)

로 책이나 강의 등 일반적인 학교 교육 방식으로는 효과를 얻기 힘든데 만화나 연극을 활용하면 훨씬 효과적이다. 또한 시청각 교육 자료를 만들 때 음악가, 화가, 미용사, 재봉사 등이 함께 작업하면 효과를 배가시킬 수 있다.

내가 아는 바니 라피트(Bonnie Lafitte)는 에콰도르에서 오랫동안 일한 선교사다. 그녀는 선교사인 남편 글렌(Glen)을 따라 선교지에 가서 주일학교 아이들을 가르치게 되었는데 그 당시에 멋진 생각이 떠올랐다고 한다. 가사를 재미있게 지은 후 적당한 곡조를 붙여 가르치면 성경 공부뿐 아니라 건강 관리와 생활 개선 등의 교육에도 효과가 있으리라는 생각이었다. 바니는 음악을 공부한 사람이 아닌데도 선교지에서 숨겨진 재능을 찾아낸 것이다. 그녀가 작사하고 작곡한 많은 동요와 노래 중 남미 인디언의 키취아 언어로 된 노래 '물을 끓여 먹자'를 소개한다.

물을 끓여 먹자

　　　　바니 라피트 작사

물은 참 귀한 것

물 없이는 살 수 없네
그러나 맑은 물속에도
보이지 않는 독이 있어
끓여 먹지 않으면
배탈이 날 수 있네
물을 끓여 먹자
물을 끓여 먹자
보이지 않는 독을 없애자

선교지에서는 혈압과 당뇨 측정 또는 시력 측정을 하거나 아스피린과 비타민 등 간단한 가정상비약을 사람들에게 나눠 주는 일이 많다. 이런 일들은 의사나 간호사가 아니더라도 아무나 충분히 할 수 있다. 왜 물을 끓여 먹어야 하는지, 왜 손을 씻어야 하는지 등의 위생 교육도 누구나 할 수 있다. 육체적인 건강뿐만 아니라 긍정정인 사고방식과 정신적인 건강을 가르치는 것도 마찬가지다.

내가 아는 린다 토프(Linda Topf)라는 여인은 온몸이 차츰 굳어지는 '다발 경화증'(Multiple Sclerosis)을 앓고 있었다. 그녀는 항상 휠체어를 타야 하는 신세이지만 긍정적인 마음으로 힘든 질병을 잘 이겨내고 있다. 그녀의 저서 『당신은 당신의 질병이 아니다』라는 책 중에 이런 구절이 있다.

"나는 걷지 못한다. 남편과 함께 댄스를 할 수 없다. 좋아하던 수영도 하지 못한다. 그러나 그런 것은 큰 문제가 아니다. 이 세상의 많은 사람 중에 남편과 댄스를 추고 수영을 하며 지내는 사람이 얼마나 되겠는가? 나는 잘 걷지 못하는 것 외에는 무엇이든지 다 할 수 있다. 나는 환자라고 생각하지 않는다."

나는 이번 선교대회에서 긍정적인 마음이 어떻게 질병을 치유할 뿐 아니라 우리의 삶을 개선해 나갈 수 있는지에 관한 선교지에서의 경험도 소개했다.

1987년 1월 자이르의 수도 킨차사에서 약 300km 떨어진 방가병원에 의료 선교를 갔을 때였다. 자이르는 콩고의 옛 이름으로 내가 방문했던 시기에는 자이르라는 이름을 쓰고 있었다. 이곳은 열대 우림 지역이라 비가 많이 오고 나무도 많으며 자연 조건이 나쁘지 않았다. 그런데도 먹을 것이 부족해 주민들이 무척 힘겹게 살고 있었다. 그들은 주로 밀가루와 비슷한 카사바 가루로 빵을 만들어 먹고 있었다.

어느 날 방가병원의 원주민 직원에게 왜 이 넓은 땅에 밭을 만들어 채소를 심어 먹지 않느냐고 물어보았다. 그랬더니 그는 토질이 나빠서 아무것도 경작할 수 없다고 대답했다. 그래서 무엇을 시도해 보았냐고 다시 물었더니 사실 실제로 해 본 것은 없다고 했다. 그렇다면 어떻게 토질이 나쁜 것을 아느냐고 물었더니 그냥 토질이 나빠서 안 된다는 것이었다. 해 보지도 않고 안 된다고만 하는데 어떤 연유로 이런 부정적인 생각을 갖게 되었는지 사실 이해가 잘 안 되었다.

그 병원에서 20분 남짓 떨어진 루세켈이라는 한 작은 마을에 게리

셀리그 선교사 부부가 운영하는 실험 농장
(로라 선교사와 그의 딸, 그리고 나의 아내)

(Gary)와 로라 셀리그(Laura Selig) 선교사 가정이 살고 있었다. 이들은 앞마당에 채소밭을 일구어 놓았다. 마당 한가운데에 토마토와 콩과 고추 열매가 잘 자라고 있었고 지붕 위 넝쿨에는 호박이 주렁주렁 매달려 있었다. 이 집에는 삽과 호미, 갈고리가 있는 작은 창고가 있었으며 콘크리트로 만든 거대한 물탱크가 채소밭에 촉촉하게 물을 대주고 있었다. 마당 한쪽 모퉁이에서는 토끼와 식용 쥐가 자은 움막을 바삐 오갔는데 이들이 다른 동물에 비해 번식률이 왕성해서 기르고 있다고 했다. 이곳은 자이르 원주민들의 교육용 전시장이 되고 있었다.

선교지에서는 매사에 긍정적이고 적극적인 사고방식을 심어 주는 것이 성경 말씀을 전하는 것과 함께 중요한 일이라는 생각이 들었다.

세계전문인선교대회는 김상돈 목사가 시무하는 과테말라 한인교회에서 개최됐는데 과테말라에 사는 한인 교포 약 60명이 참석했다. 이들은 대회 마지막 날에 서약을 했는데 대회 후 몇 주간 틈나는 대로 집중 교육을 받고 각자 사는 곳이나 직장에서 복음을 전하기로 했다. 미용사, 요리사, 자동차 정비사, 목수 등 여러 가지 기술을 가진 사람들이 함께했다. 미용사는

과테말라 한인교회
김상돈 목사

마을 사람들에게 미용을 가르치면서 복음을 전하고 다른 직종의 사람들 역시 자신들이 할 수 있는 기술을 이용해서 복음을 전하는 것이다.

PGM의 이 사역은 장점이 참 많다. 첫째, 이들은 그곳에 사는 이민자들이니까 사역을 위해 한국이나 미국 등 먼 지역에서 오지 않아도 된다. 둘째, 현지에 살고 있는 사람들이어서 그 나라 언어를 아니까 언어에 지장이 없다. 셋째, 자기 일을 해 나가면서 복음을 전하기 때문에 재정을 도와주지 않아도 된다. 넷째, 한인 교포들이 선교에 동참함으로써 삶의 가치를 높이고 자존감을 갖게 한다.

이렇게 유익한 프로그램이 과테말라뿐 아니라 세계 곳곳에 생겼으면 하는 바람이다. 이 일에 PGM이 선구자적 역할을 하여 계속 발전해 나가기를 바라면서 과테말라에 다녀왔다.

2007 세계전문인선교대회의 참석자들과 함께

MEDICAL MISSION

09

케냐 보이에서의 의료 시범

내가 처음 아프리카의 케냐로 떠난 것은 1985년 9월이었다. 케냐의 수도 나이로비에서 자동차로 북쪽 방향 2시간 남짓 거리에 있는 키자비병원에 가게 된 것이다. 세계의료선교회(World Medical Mission)를 통해서였다. 키자비는 나이로비와 비슷한 해발 2000m의 고원지대이기 때문에 적도 근처에 위치하고 있지만 열대지방이라는 생각이 좀처럼 들지 않을 정도로 시원했다. 키자비로 떠나기 전에 나이로비에서 한경철 선교사를 만나 그가 사역을 시작한 마사이 마을을 방문하게 되었다. 나이로비에서 남쪽으로 자동차를 타고 달리는데 창밖으로 집이 한 채도 보이지 않았다. 이곳은 원래 비가 적게 내리는 데다가 마침 건조기라서 얼마 안 되는 앙상한 들풀조차 다 말라비틀어져 누렇게 변해 있었다. 게다가 연일 내리쪼이는 강렬한 태양열을 못 이겨 여기저기 벌겋게 타들어가고 있었다. 키 작은 나무들이 띄엄띄엄 눈에 띄어 가까이 다가가 보니 가뭄 때문에 잎이 모두 가시로 변해 있었다.

문득 하나님께서 "아담에게 이르시되 네가 네 아내의 말을 듣고 내가 네게 먹지 말라 한 나무의 열매를 먹었은즉 땅은 너로 말미암아 저주를 받고 너는 네 평생에 수고하여야 그 소산을 먹으리라 땅이 네게 가시덤불과 엉겅퀴를 낼 것이라"(창 3:17, 18)는 성경 구절이 떠올랐다.

마사이 다꾸 씨의 쇠똥집

나는 마사이에서 다꾸라는 이름의 한 원주민의 집을 방문했다. 사람이 사는 집이라고 말을 하니까 그런 줄 알았지 겉으로 봐서는 짐승의 움막처럼 참으로 초라하기 그지없는 집이었다. 높이는 사람의 키 정도에 넓이는 한 칸 정도 되었는데 지붕과 벽은 쇠똥과 진흙을 섞어 발랐다. 창문을 내지 않아 대낮인데도 굴속같이 깜깜했다. 그 좁은 공간에 부부와 아이들 그리고 염소와 양이 한데 어울려 살고 있었다. 움막 한 가운데에는 장작불을 지폈는데 어두워서 잘 보이지 않아 아이들이 자주 불에 뎄다. 그뿐만 아니라 연기가 빠져나갈 구멍이 없어서 연기가 눈으로 들어가기 때문에 안질을 앓고 있는 사람들이 부지기수였다.

6·25전쟁을 겪으며 뼈저린 고생과 가난을 실감한 나였지만 마사이

원주민들의 사는 모습을 보니 처참했다. 인간이 이렇게 비참하게 살 수 있는가 하는 생각에 가슴이 큰 돌덩어리로 짓누른 것처럼 답답했다.

이렇게 한경철 선교사와 인연이 되어 그다음 해에 내가 출석하는 필라델피아 한인연합교회에서 염극용 외과 의사와 이관우 소아과 의사가 다시 이곳에 오면서 우리 교회의 마사이 단기 선교가 시작되었다. 1986년에 시작한 마사이 단기 선교를 현재까지 33년간 계속해 오고 있다. 한경철 선교사를 위시해서 한성수, 하영진, 김철수 등의 선교사들과 마사이 가까운 지역에서 사역하는 박삼일 선교사가 함께 협력해 주었다.

2003년에는 이상석 선교사가 와서 우리를 도와주었다. 이상석 선교사는 마사이에서 네 시간쯤 떨어진 보이(Voi)라는 지역에서 사역하고 있었는데 매년 우리 팀과 함께해 주었다. 우리와 직접 상관이 없었는데도 매번 먼 거리에서 와서 성심껏 도와주는 그의 모습에 우리는 감동을 받았다. 그는 참으로 겸손하고 성실한 선교사다. 우리 팀의 최태은 목사와 임호선 장로는 고마움과 미안한 마음에 그가 사역하는 보

이상석 목사와 자녀들(기쁨, 사랑, 온유, 요한) 그리고 김미영 사모

보이에서 마을 잔치 후 주민들과 함께 춤을 추며 (2006)

이에 인사차 방문했는데 이것이 인연이 되어 2004년부터 매년 보이에 단기팀을 보내기 시작했다.

2004년 의사와 간호사, 학생 등 7명으로 구성된 우리 교회 단기 선교팀이 보이 지역을 방문했다. 여러 가지 사역 중 특기할 것은 건강과 의료 상식 시범이었다. 졸도하거나 뼈가 부러졌을 때나 화상을 입었을 때 어떻게 대처할 것인지 등 응급 처치에 관한 내용을 연극을 하면서 시범을 보여 줬다. 고열이 날 때나 심한 설사를 할 때는 어떻게 할 것인지 등의 의료 상식도 가르치는 프로그램이었다.

이상석 선교사가 섬기는 여러 교회 중 우펜도교회에서 시범을 보여 줬다. 우리 중 한 사람이 예배당 앞쪽으로 나가 바닥에 쓰러지는 포즈를 취하면 다른 사람이 나와 환자의 머리를 낮추고 다리를 높이는 등 응급 처치를 하는 시범이었다. 연극이 진행되는 동안 이상석 선교사는 성우 같은 목소리로 케냐 언어로 상황을 설명해 줬다. 첫해에는 우리 선교팀이 직접 시범을 보여 주었지만, 그다음 해부터는 현지인들

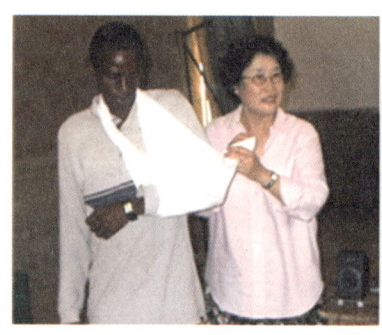

다쳤을 때의 응급 처치

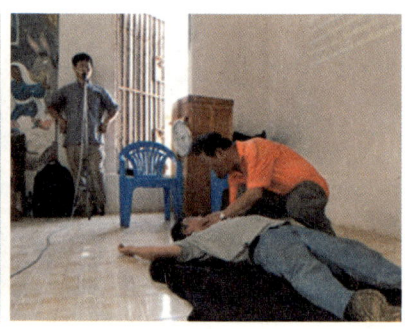

졸도했을 때의 응급 처치

이 직접 액션에 참여하게 했다.

현재까지 4차례 정도 계속되었는데 이제는 현지인들도 스스로 잘 해내고 있다. 다리를 심하게 다치면 막대기로 묶으라고 가르쳐 주었더니 어느 날 한 젊은 남자가 다리를 다쳤다며 자기 종아리를 나무 막대로 칭칭 감고 자랑스러운 얼굴로 쩔뚝거리며 교회에 들어오기도 했다. 그 외에도 화상을 입었을 때는 감염될 우려가 있으니 물집을 터트리지 않아야 한다는 등의 의료 상식을 가르쳐 주었다.

이러한 시범 수업이 말로만 가르치는 수업보다 훨씬 효과적이라는 것을 매해 경험하고 있다. 우리에겐 사소한 의료 상식일지라도 의료진이 귀한 선교지에서는 때론 사람의 목숨까지 살릴 수 있는 유용한 도움이 되어 준다.

이상석 선교사는 보이 지역에 우펜도교회를 시작으로 14개의 교회를 개척했는데 모두 작은 건물의 교회들이다. 건물 크기와 상관없이 사람을 키우는 일에 중점을 뒀는데 어려운 여건 속에서도 7명의 현지인 목회자를 양성했다. 사모 김미영 선교사는 주일학교와 유치원 사역을 담당하고 있다. 1995년부터 지금까지 20년이 넘게 꾸준히 사역하고 있는 훌륭한 선교사 부부다.

이상석 선교사 부부는 네 명의 자녀를 두었는데 모두 케냐의 키자비에 위치한 RVA(Rift Valley Academy)를 졸업했다. RVA는 아프리카의 이튼이라고 불리기도 하는데 영국의 명문인 이튼과 비교될 만큼 좋은 학교다. 이상석 목사의 자녀들은 RVA를 마친 후에 장학금을 받

우펜도교회

시골 교회

고 미국의 앤더슨크리스천대학(Anderson Christian College)을 졸업했다. 첫째 딸 기쁨이는 간호사가 되었고 둘째 딸 사랑이는 에티오피아에서 성경 번역 선교사로 일하고 있다. 아들 요한이는 의료 선교사로 나가려고 준비 중이며 막내딸 온유는 인디애나주에서 대학을 다니고 있다.

선교사가 겪는 고통 중의 하나가 자녀 교육이다. 어쩌면 가장 큰 고민일 것이다. 그런데 후원하는 교회들은 선교사 자녀 교육에 대체로 냉담하다. 선교비는 영혼을 구하는 선교에 써야지 자녀 교육에 쓰면 되겠느냐는 사고방식을 가진 사람들이 의외로 많다. 하지만 선교사가 선교를 잘하려면 자녀 교육 문제가 해결되어야 한다. 또 선교지에서 자란 자녀들은 후에 선교사가 될 가능성이 높다. 이들은 외국어를 하면서 자랐으며 외국 문화에 익숙한 아이들이기 때문이다.

그러므로 선교사 자녀 교육을 도와주는 일은 첫째, 선교사가 선교를 잘 감당할 수 있도록 도와주는 일이며 둘째, 미래의 선교사를 키우는 일이다. 김미영 선교사는 아이 넷을 키우며 사역을 하느라 심적으로 고통이 많았다고 한다. 그런데 우리 교회 단기 선교팀의 위로와 격려로 새로운 힘을 갖게 되었다고 했다. 선교사를 위로하고 용기를 주는 일은 단기 선교팀의 사역 중 지극히 중요한 일이다.

이상석 목사가 키운 전도자들

MEDICAL MISSION

10

에콰도르의 거룩한 낭비

에콰도르는 남미에 위치한 자그마한 나라다. 서쪽으로는 태평양을 면한 해안지대가 있고 중앙에는 높은 안데스산맥이 있으며 동쪽으로는 아마존 정글의 세 지역이 있는데 지역에 따라 기후가 완전히 다르다. 정글 지방은 무척 덥고 습하지만 산악 지역은 만년설이 덮여 있다. 제일 높은 침보라소산은 높이가 6,268m로 백두산의 두 배가 넘는다. 정글 지역에는 강이 많다. 하루는 내가 정글에 있는 강에서 수영을 해서 녹초가 되고 배탈까지 나서 교회 바닥에 누워 잠이 들었는데 정글에 사는 원주민 여자 노인이 내 곁을 떠나지 않고 부채질을 해 주고 배를 쓰다듬으며 그 나라 언어로 "나아라, 나아라"라고 중얼거렸다고 한다. 마치 옛날 한국에서 어린아이가 배가 아프면 할머니가 배를 쓰다듬어 주셨던 것처럼 정이 넘치는 그런 나라였다.

에콰도르 선교병원에서

나는 에콰도르에 단기 선교를 네 번 다녀왔다. 첫 번째인 1995년에 아내와 함께 미국 선교기관인 세계의료선교회(World Medical Mission)를 통해서 정글 지방에 있는 동부 안데스 선교 병원(Hospital Vozandes del Oriente)에 갔다. 에콰도르와 페루 간의 전쟁이 막 시작되어 국내외 외신이 연일 시끄러웠으나 별다른 어려움 없이 2주 동안 병원의 X-선 일과 그곳 의사들을 위한 방사선 강의, 환자들을 위한 간증, 찬양 등의 봉사를 할 수 있었다.

안데스 선교병원에 머무는 동안 가장 인상 깊었던 일 중의 하나는 병원 목회를 담당하고 있는 헤수스 몬테로(Jesus Montero) 목사를 만난 일이었다. 환자를 위해 찬양과 간증을 해 달라는 부탁을 받고 나는 큰 마이크와 스피커를 챙겨 약속한 장소에 갔다. 그런데 환자는 한 사람뿐이었다. 적어도 환자가 몇 사람은 되리라고 생각했는데 준비해 간 커다란 마이크와 스피커가 무색해지고 말았다. 당황스러운 마음을 애써 감추고서 마이크를 잡고 환자 한 명을 위해 힘껏 찬송을 부르고 서투른 스페인어로 간증을 나눴다.

그날 이후 에콰도르를 떠날 때까지 몬테로 목사를 병원에서 자주 보게 되었다. 그는 병원의 좁은 복도든 마당이든 어디에서든 한 사람을 위해 성경을 읽어 주고 말씀을 전했다. 그 장면은 그림처럼 아름다웠다. 몬테로 목사의 모습을 보면서 그가 지극히 작은 일에 충성하는 목사요, 한 영혼을 사랑하는 목사라는 것을 알게 되었고 깊은 감명을 받았다. 그 후부터 나는 한 사람이나 두 사람을 위해 찬양하고 말씀 전하는 데 전혀 부담을 느끼지 않게 되었다.

우리가 묵고 있는 선교사 숙소 옆에 군부대가 하나 있었는데 어느 날 찬송을 불러 달라는 요청이 들어왔다. 교회의 문을 열고 들어가 보니 이마에 수건을 두른 300여 명의 군인이 어깨에 총을 메고 빽빽이 있었다. 그 당시에 에콰도르와 페루 간에 전쟁이 있었다. 그들은 일반 군인과 달라 보였는데 군화 대신 긴 고무장화를 신고 있었다. 사방이 정글과 습지로 둘러싸여 있기 때문일 것이다.

나는 온 힘을 다해 우렁차게 찬양을 불렀고 몬테로 목사의 잔잔한 설교가 이어졌다. 예배가 모두 끝나자 13명의 군인이 예수님을 믿겠다며 손을 번쩍 들고 강단으로 씩씩하게 걸어 나왔다. 전선으로 떠나는 이들을 위해 다음날 바로 세례식이 베풀어졌다. 이런 감격스러운 일에 동참할 수 있어서 참으로 감사했다.

우리 교회 단기 선교는 1986년 마사이에 오리니에(Orinie) 진료소를 세우고 10년 만에 진료소를 원주민에게 물려주었다. 비록 작은 진료소지만 의

전쟁에 나가는 군인들 앞에서 찬양

료 선교를 성공한 한 예라 하겠다. 케냐 선교는 현재까지 계속되고 있는데 너무 멀어서 시간과 경비가 많이 든다. 그래서 제2선교지로 조금 가까운 곳을 찾다가 에콰도르로 가게 되었다. 우리 교회 단기팀은 2011년부터 세 번 에콰도르를 방문해 의료와 주일학교 사역을 했다.

민용기 장로와 민경희 권사 부부가 자비량 선교사로 헌신하여 지금도 에콰도르 선교를 활발하게 하고 있다. 민용기 장로는 65세에 직장에서 은퇴하고 에콰도르 선교사로 떠나서 이제 4년이 되었는데 현지의 마누엘 목사와 동역하여 사역하고 있다. 주님께 열심히 헌신하는 그들의 모습에 우리 단기 선교 팀원들이 큰 감동을 받았다. 은퇴 후에 에콰도르에 와서 주님을 섬기는 일이 보람된 일이요 큰 축복으로 여겨진다고 그들은 고백했다.

에콰도르는 내가 오래전 엘리자베스 엘리엇(짐 엘리엇 선교사의 아내)의 저서 『영광의 문』(Through Gates of Splendor)이라는 책을 읽은 후에 꼭 한 번 방문해 보고 싶은 곳이었다. 1956년에 젊은 미국 청년 다섯 명이 복음을 전하러 에콰도르의 정글에 경비행기를 타고 갔다가 와오다니 원주민들의 창에 찔려 순교한 일이 있었다. 이 일은 세계를 놀라게 했다. 와오다니 부족을 서양

민용기 장로

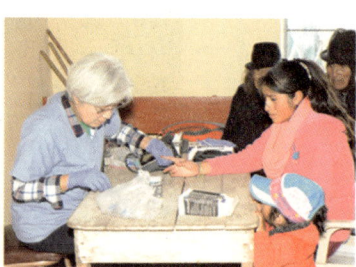

에콰도르 주민을 돌보는 민경희 권사

사람들은 아우카 족이라고 불렀는데 이것은 야만인이라는 뜻이므로 본래 이름인 와오다니라고 부르는 것이 좋다.

언론에서는 '이 무슨 낭비인가!'(What a waist!)라는 제목의 기사가 헤드라인을 장식했다. 하지만 순교한 청년의 아내들은 남편들의 뜻을 이어 와오다니 족의 마을에 다시 들어갔고 부족을 정성껏 섬기며 복음을 전했다. 남편을 죽인 자신들을 용서해준 그들의 헌신과 사랑에 감동한 와오다니 족은 마침내 부족 전체가 복음을 받아들였다. 짐 엘리엇의 등을 창으로 찔렀던 5명의 와오다니 부족 중 4명은 후에 목사가 되었다. 이 같은 감동적인 이야기는 스티브 세인트가 쓴 『창끝』(End of Spear)이라는 책을 통해서 세상에 소개됐다.

『영광의 문』과 『창끝』, 이 두 권의 책은 선교에 관심이 있는 사람들은 물론 일반인들에게도 꼭 권하고 싶은 책이다. 『창끝』의 저자 스티브 세인트는 순교한 5명 중의 하나인 네이트 세인트(Nate Saint) 비행기 조종사의 아들이다. 스티브는 에콰도르에서 출생해서 어린 시절 정글에 가서 와오다니 부족과 함께 살았다. 그는 자신이 미국 사람인지 에콰도르 사람인지 정체성의 혼돈을 겪을 정도로 와오다니 족과 어울려 살았는데 이 책에서 정체성 문제를 소상히 다루고 있다.

선교를 낭비라고 말한다면 그것은 거룩한 낭비다. 마리아는 예수님이 자기 집에 오셨을 때 예수님의 발에 값비싼 향유를 부었다. "지극히 비싼 향유 곧 순전한 나드 한 근을 가져다가 예수의 발에 붓고 자기 머리털로 그의 발을 닦으니 향유 냄새가 집에 가득하더라"(요 12:3).

이 일에 대해 성경에는 다음과 같이 기록되어 있다. "예수께서 베다니 나병환자 시몬의 집에서 식사하실 때에 한 여자가 매우 값진 향유 곧 순전한 나드 한 옥합을 가지고 와서 그 옥합을 깨뜨려 예수의 머리에 부으니 어떤 사람들이 화를 내어 서로 말하되 어찌하여 이 향유를 허비하는가 이 향유를 삼백 데나리온 이상에 팔아 가난한 자들에게 줄 수 있었겠도다 하며 그 여자를 책망하는지라 예수께서 이르시되 가만 두라 너희가 어찌하여 그를 괴롭게 하느냐 그가 내게 좋은 일을 하였느니라"(막 14:3-6).

마리아가 예수님께 부었던 삼백 데나리온의 향유는 그 당시 사람들의 일 년 치 봉급에 해당하는 큰돈이었다고 한다. 그러나 마리아는 그가 가진 모든 것을 예수님께 다 드려도 아깝지가 않았다. 자신의 사랑을 온전히 모두 드린 것이다. 세상의 눈으로 보면 낭비요 어리석은 일이지만 예수님은 이를 기쁘게 받아 주셨다.

5명의 젊은이가 순교를 당한 것은 너무나 안타까운 일임에 틀림없지만 이 일은 거룩한 낭비였다. 이들의 낭비는 예수님이 기뻐 받아 주셨을 것이요 헛되지 않았다. 이들이 값없이 흘린 고귀한 피로 인해 많은 사람이 예수님께 헌신하고 선교에 더욱 이바지하게 되었기 때문이다.

내가 선교지에 가는 것은 환자의 치료가 목적이 아니다. 제자 양성도 아니다. 예수님을 사랑하는 마음으로 나의 정성을 들이는 것이다. 이것이 내가 선교지에 가는 목적인데 예수님께서 기뻐하실 줄로 믿는다.

11

아프리카 말라위의
대양 누가병원

  나는 2011년 7월과 2012년 8월, 이렇게 두 차례 말라위를 방문했다. 나의 조카 최지수 내과 의사와 몇 명이 함께 대양 누가병원을 둘러보며 의료 선교에 대해 많은 것을 배울 수 있었다.

  말라위는 아프리카 남쪽에 위치해 있는데 남아공 요하네스버그를 지나 말라위의 수도 릴롱궤 국제공항까지 24시간이나 걸릴 정도로 무척이나 먼 거리에 있다. 그 머나먼 나라에 백영심 간호 선교사가 1993년에 단신으로 가서 의료 봉사를 시작했다. 그는 그곳의 자그마한 진료소에서 환자를 돌봤다. 어느 날, 말라위 주민인 아기 엄마가 1살 된 아픈 아기를 안고 헐레벌떡 진료소로 뛰어들었는데 백 선교사가 제대로 손을 써 볼 겨를도 없이 죽어가는 애처로운 아기의 모습을 보게 되었다. 마음이 찢어질듯 아팠던 그녀는 진료소보다 조금 더 나은 의료 시설이 있었으면 하는 간절한 바람을 갖게 되었다. 그녀는 병원을 짓기 위해 발로 뛰기 시작했고 대양상선의 원조로 2008년 마침내 말라위의 수도 릴롱궤에 대양 누가병원이 세워지게 되었다. 대양 누가병원은 180개의 병상에 최신식 시설을 갖춘 병원이다. 한 가냘픈 여인의 헌신으로 이렇게 크고 훌륭한 병원이 세워진 것이다.

내가 1990년 케냐에 단기 선교를 하러 갔을 때 백 선교사를 처음 만났는데 잊지 못할 에피소드가 있다. 그 당시 나는 선교팀의 식사를 맡은 주방장으로서 백 선교사와 함께 음식을 만들었다. 그녀의 머리는 빗질을 잘 안 했는지 아니면 못했는지 길고 덥수룩했다. 고생하며 지낸 흔적이 역력했다. 나는 안쓰러운 마음에 미용사로 잠시 직업을 바꾸어 한 손에 가위를 들고 백 선교사의 머리를 자르고 다듬어 주었다. 그리고 여성스럽게 치장을 하니 훨씬 예쁘다고 칭찬해 주었다. 그 때의 일이 잊혀지지 않았는데 그 이후 실로 20여 년 만에 아프리카의 나이팅게일로도 불리는 그녀를 말라위에서 다시 만난 것이다.

덥수룩한 머리의 앳된 백영심 선교사와 저자(1990)

대양 누가병원은 기적의 산물이다. 물론 수많은 사람의 도움이 있었지만 그렇게까지 될 수 있었던 것은 하나님께서 베풀어 주신 기적이라 여겨진다. 병원과 간호대학과 병실 등 건물의

규모가 클 뿐 아니라 견고하게 잘 지어졌다. 나는 미국의 여러 선교병원을 가봤는데 이렇게 잘 지어진 병원은 보지 못했다. 아래 사진으로 보는 바와 같이 유명한 미국의 키자베와 텐웩 선교병원을 비교하면 대양 누가병원은 궁궐과 같이 좋아서 입이 딱 벌어진다.

대양 누가병원 정문

케냐의 키자베병원 정문

텐웩병원 정문

하지만 이 병원에 아쉬운 것이 있다면 훌륭한 건물과 장비에 비해 의료 선교사가 너무나 부족하다는 것이다. 시티 스캔(CT Scan)이 말라위에서는 대양 병원에만 한 대 있다고 한다. 그런데 문제는 판독할 엑스레이(X-ray) 의사가 없는 것이다. 엑스레이나 시티 스캔은 돈이 많이 들고 고도의 기술이 필요한데 판독할 의사가 없다는 것은 선교지에서 치명적이다. 그래서 시티 스캔을 찍어 한국으로 보내고 한국의 의사가 판독을 해서 다시 대양 누가병원으로 보내는 방법을 쓰기도 한다. 그런데 말라위의 인터넷이 느려서 효과적인 치료에 애를 먹고 있다고 한다. 또한 그런 시설이 고장 났을 때 고치려면 부품과 기술자가 필요한데 그런 기사를 구하기 또한 힘들다.

왜 선교지 병원에 의료인들이 가지 않을까? 거리가 먼 탓도 있겠지만 거리만 탓할 것이 아니다. 예전에 미국 선교사들이 한국에 올 때는 배로 한 달 이상씩 걸려서 오지 않았던가. 지금은 아무리 멀어도 비행기로 하루면 갈 수 있다. 지리적인 거리의 문제라기보다 우리들의 마음이 문제일 것이다. 헌신하는 사람들이 적기 때문이고 또 꾸준한 인내심이 부족하기 때문일 것이다. 우리나라 사람은 인내심이 강한 민족인데 요즘은 '빨리빨리'라는 단어가 한국 사람들을 나타내는 국제어처럼 되었다. 이것은 결코 좋은 의미만을 가지고 있진 않다. 빨리 급하게 무언가를 하는 성향은 어떤 일을 쉽게 시작하지만 꾸준하게 이어가지 못한다는 약점이 있다. 선교는 인내가 필요하다. 꾸준히 계속해서 일해 줄 사람이 절대적으로 필요하다.

선교지의 절대적인 의사 부족으로 현지인 의사를 길러내는 방법 또한 고려되고 있지만 그것이 현실적으로는 어려운 실정이다. 의과대학에 진학할 만한 기초 교육을 받은 사람을 현지인들에게서 찾기가 쉽지 않기 때문이다. 중학교를 졸업했지만 의과대학에 진학할 수는 없는 경우가 많다. 의사가 되기 위해서는 긴 시간의 학업이 필요한데 인재를 찾기도 쉽지 않고 게다가 재정적인 후원도 어렵기 때문이다.

한국이나 미국 등지에서 의료 선교사로 헌신하는 경우 의과대학 졸업 후에 바로 선교지로 나가지 않으면 점차 헌신하기 힘들어지는 경우가 많다. 결혼해서 가족과 좋은 직장이 생기고 생활이 안정되면 자연히 선교에 대한 열정이 줄어들기 때문이다. 나는 의료 선교사들이 20대의 초중반에 헌신을 시작하는 것이 바람직하다고 생각한다. 다른 한편으로는 은퇴한 의료인들이 6개월이나 1년씩 교대로 와서 봉사해 주면 크게 도움이 될 것이다.

은퇴 후에 대양 누가병원에서 기꺼이 헌신한 사람으로 김수지 박사가 있다. 이화여대에서 간호학과 교수를 역임한 그녀는 은퇴 후 고희의 나이에 말라위에 있는 간호대학교를 운영해 달라는 부탁을 받고 이곳에 선교사로 기꺼이 왔다.

간호학계의 노벨상이라 불리는 '국제 간호대상'을 수상한 김수지 박사는 세계에서 가장 가난한 나라 중 하나인 말라위에서 헌신하며 선교사를 꿈꾸는 수많은 사람에게 도전이 되어 주었다. 그의 저서『사랑의 돌봄』이라는 책은 간호사뿐 아니라 모두가 읽고 도전을 받을 만한 좋은 책이다.

대양 간호대학 김수지 학장

기적처럼 잘 지어진 대양 누가병원에 더 많은 사람이 와서 봉사하면 좋겠다. 물질의 편안

함이 주는 안일한 생활에 얽매이는 대신 그리스도를 위해 헌신하고 봉사하는 의료인들이 선교지에 무척 필요함을 선교지를 다닐 때마다 절감한다.

12

김만우 목사와 쿠웨이트에서 부른 찬송

필라델피아 제일장로교회 김만우 원로 목사가 내게 중동 지역에서 열리는 한인 선교사 대회에 함께 가자고 권고해서 2014년 10월 쿠웨이트에 다녀왔다. 중동에 간다고 하니 약간 겁이 났지만 여행은 무척 순조롭고 편안했다. 필라델피아에서 카타르(Qatar)라는 비행기를 타고 카타르의 수도인 도하(Doha)에 잠시 들렀다가 쿠웨이트에 도착했다. 이번 여행은 놀랄 일이 여러 차례 있었다. 첫째로 카타르 비행기는 처음 타보는 항공사인데 비행기가 얼마나 깨끗하고 쾌적한지 깜짝 놀랐다. 그리고 꽤 많은 승무원이 한국 여성들이어서 또 놀랐다. 수도 도하의 비행장은 매우 깨끗하고 모든 시설이 고급이었다. 알고 보니 카타르는 세계에서 제일 부유한 나라였다(GDP- Qatar: 128,702달러, USA:

63,152달러, Korea: 39,433달러, 2017년).

쿠웨이트는 카타르만큼 부유하진 않지만 역시 세계에서 손꼽히는 부자 나라다. 쿠웨이트의 인구 70-80%가 외국인이라고 한다. 보통 땅에 끌리게 긴 흰옷을 입고 터번을 쓴 남자는 쿠웨이트 남자이며 검은색 긴 니캅을 입은 여자는 쿠웨이트 여자다. 그러나 얼굴 모습만 봐서는 누가 쿠웨이트 사람인지 누가 외국인인지 초행객인 나는 전혀 분간할 수가 없었다.

우리는 선교대회에 참석하기 위해 호텔에 투숙했는데 호텔 2층 중앙에 아리랑 한국 식당이 크게 자리 잡고 있어서 한 번 더 놀랐다. 선교대회장은 지하에 있었는데 방이 무척 크고 고급 양탄자가 깔려 있었다. 100여 명이 넘는 선교사들이 모여서 집회 때마다 찬송을 크게 불렀다. 나는 염려가 되어 중동에 있는 호텔에서 이렇게 크게 찬송을 불러도 괜찮으냐고 물었더니, 한국 기업인들이 들어와서 이곳 사람들과 좋은 관계를 맺고 있기 때문에 눈감아 준다고 했다.

더 놀라운 사실은 쿠웨이트 시내 한복판에 큰 교회가 있다는 것이다. 어떻게 이슬람 국가의 수도에 큰 교회가 세워졌는지 참으로 신기

아리랑 식당

선교대회 참석 선교사들과 함께

했다. 여기에는 흥미로운 역사가 전해 내려오고 있다.

쿠웨이트에는 1910년에 의료 선교가 시작되었다. 국왕의 딸이 실명하게 되었는데 미국 여의사 선교사가 치료해 주어서 다시 볼 수 있게 되었다. 국왕은 너무 기뻐서 그녀가 원하는 것이 무엇이든 들어주겠다고 했다. 여의사는 국왕에게 "저는 기독교인인데 주일에 예배드릴 장소가 없습니다. 이슬람 국가니까 허락 없이 아무 곳에나 교회를 지을 수도 없습니다. 시내에 우리가 예배드릴 땅을 지정해 주면 시민들에게 방해가 되지 않도록 하겠습니다. 그곳에서 우리도 안전하게 예배를 드릴 수 있게 되었으면 좋겠습니다."라고 말하며 부탁했다. 왕은 흔쾌히 승낙해 주었다. 그래서 쿠웨이트 시내 한복판의 금싸라기 같은 땅을 허락받아 NECK(National Evangelical Church of Kuwait)가 설립되었고, 미국 사람들뿐 아니라 여러 나라의 사람들이 시간을 나누어 이곳에서 예배를 드리고 있다. 1980년에는 쿠웨이트 한인연합교회가 창립되었다. 한국 교회도 이곳에서 예배를 드렸는데 불편한 것이 많아 지금은 다른 곳에 새로 교회당을 마련하여 예배를 드린다고 한다.

하루는 쿠웨이트에 사는 한인 교포 여자 성도 한 사람이 대회에 동행한 김만우 목사와 나를 초대해 줘서 식당에서 점심을 먹게 되었다. 요리는 메추라기(Quail) 구이였다. 성경에서 듣던 메추라기를 처음으로 먹게 되니 가슴이 설레었다. 메추라기는 이스라엘 백성이 광야에서 방황할 때 하나님께서 만나와 함께 내려 주신 음식이다. 만나는 '깟'씨 같이 희고 맛은 꿀 섞은 과자 같았다고 한다(출 16:31, 16:13). 메추라기는 새 종류인데 작은 닭과 큰 참새 중간쯤으로 생겼다. 고기 맛도 닭고기나 참새고기와 비슷하다고 보면 된다. 나는 메추라기 고기를 처음 먹어서 흥분하며 맛있게 먹었다.

김만우 목사

대회 중에 김만우 목사와 함께 그곳에 사는 한인 집에 심방을 가게 되었는데 그 집 여인의 남편이 얼마 전에 뇌졸중으로 쓰러져 식물인간이 되었다. 김만우 목사는 잠시 기도하고 찬송을 인도하기 시작했다. 찬송가를 한 곡 부르기 시작하더니 다섯 곡까지 이어지며 계속 불렀다. 나는 마음속으로 '설교는 언제 하시려고 이렇게 찬송가를 계속 부르시나' 하고 의아해했다. 우리는 그렇게 찬송가 20곡을 쉬지 않고 그 자리에 서서 불렀다. 한 열 곡 쯤 불렀을 때부터 성령께서 강하게 역사하시는 것을 느끼기 시작했고 목청을 높여 정열을 다해 찬송했다. 20곡을 부른 다음에 주기도문으로 예배를 마쳤다. 따로 설교는 안 했지만 20곡 찬송이 설교나 마찬가지였다. 그 당시 크게 밀려온 감동을 나는 잊을 수가 없다.

그 후로 나는 집에서 구역 예배를 드릴 때 찬송가를 좀 더 많이 부르게 되었는데 요즘에는 20곡씩 부른다. 자신이 좋아하는 찬송가 한두 곡은 늘 외워서 부르면 좋다. 목소리가 좋지 않아도 괜찮다. 누구 앞에서 독창하는 것이 아니지 않은가. 혼자 찬송가를 틀어 놓고 크게 열정을 다해 찬송하면 생각지도 않았던 기쁨이 찾아온다. 나이가 들면

눈이 침침해지고 찬송가를 봐도 잘 보이지 않을 때가 올 것이다. 그러면 어떻게 하겠는가. 그러니 지금부터 외워두면 좋을 것이다. 아무것도 할 수 없을지라도 찬송은 부를 수 있지 않겠는가. 크게 소리 내서 불러도 좋고 가만히 속으로 불러도 좋다. 정성을 들여 찬송을 부르는 것은 하나님이 기뻐하시는 일이요, 우리들에게도 기쁜 은혜의 시간이 된다.

쿠웨이트는 세계에서 몇째 가는 부자 나라라고 하지만 나는 우리나라가 더 좋다. 쿠웨이트 시내에는 좋은 건물들이 많고 이름도 낯선 고급 차들이 즐비하다. 나는 롤스로이스, 페라리, 람보르기니 등을 이곳에서 처음 보았는데 가격이 백만 불이 넘는다고 한다. 상상이 가지 않는다. 그런데 이런 고급 차들은 나와는 아무 상관이 없으며 거저 준다고 해도 감사하지 않을 것 같다. 그런 고급 차를 몰고 창피해서 어디를 가겠는가? 사람들의 시선은 어떻게 감당하며 유지비는 또 얼마나 많이 들겠는가!

쿠웨이트의 시내에는 이런 화려한 차들이 번쩍번쩍한 건물들 사이로 다닌다. 그러나 시내를 벗어나면 막막한 사막이 나온다. 더울 때는 화씨 110도나 된다고 한다. 반면 우리나라는 춘하추동 사계절이 있고 높은 산과 푸른 나무가 많다. 무엇보다도 마음 놓고 예수를 믿을 수 있는 나라다. 부자가 되는 것보다 귀한 믿음을 갖고 자유롭게 사는 것이 훨씬 더 행복하다는 것을 쿠웨이트의 짧은 여행을 통해 확인했다.

MEDICAL MISSION

13

쿠바의 합동결혼식과 신학교

2017년 여름에 시카고에 사는 최순자 박사로부터 전화를 받았다. 11월에 쿠바에 가서 가정 사역을 함께 하자고 하는데 평소에 존경하던 분이라 두말없이 가겠다고 대답했다. 최순자 박사는 소아과 의사인데 의료 선교에 있어서는 남자 서너 명도 감당하지 못할 열정과 지혜를 가진 여걸이다. 시카고에서 MOM(Messengers Of Mercy)이라는 선교 단체를 인도하고 있다.

MOM 선교회는 '자비의 전령'으로 번역할 수 있지만 보통 '맘'이라고 부른다. 1996년 시카고에서 설립되었는데 미국 내 9개 지부에서 60여 개의 교회와 동역하고 있다. 지난 2년간 4천 2백만 달러어치의 의약품과 기증품을 선교지에 전달했다고 한다. 이것만 봐도 최 박사가 얼마나 헌신적으로 일하는 통이 큰 여성인지 짐작이 될 것이다. 이 선교회는 의약품과 안경, 전도 자료, 선교 자료 등을 세계 전역의 선교사들에게 후원하고 있으며 결혼 교실과 성경 학교, 영어 학교, 어린이 사역, 자립 선교 등을 소개하고 있다.

최순자 소아과 의사와 남편 김홍길 내과 의사

쿠바는 방문해 보고 싶은 호기심이 생기는 나라였지만 또한 가고 싶지 않은 곳이기도 했다. 공산국가이자 미국과 원수처럼 지내던 나라이기 때문이다. 그런데 쿠바에 다녀오기를 참 잘했다고 생각하는 것은 그곳에서 여러 번 놀랐고 많은 것을 배울 수 있었기 때문이다.

쿠바의 수도 아바나(Havana)에 도착해서 호세 마르티 국제공항에 첫발을 디뎠을 때 나는 깜짝 놀랐다. 국제공항이 너무 초라했기 때문이다. 우리나라 시골 버스 정류장만도 못해 보였다. 미국 시민은 쿠바 여행을 조심하고 삼가라는 말이 있었는데, 나는 미국 시민권자인데도 공항에서 검열도 없이 수월하게 들어왔다. 미국으로 돌아오는 길에도 마찬가지로 문제없이 통과했다.

그런데 초라하기 짝이 없는 공항을 나와 시내에 들어가 본 나는 두 번째로 놀랐다. 대리석으로 지어진 으리으리한 건물들이 늘어서 있었는데 공항과는 너무 대조적이었다. 하지만 시내를 벗어나니 자동차가 한두 대 지나가는데 어찌나 낡았는지 저런 자동차가 어떻게 굴러가나 싶을 정도로 고물차였다.

쿠바는 1500년대에 스페인의 식민지가 되었는데 여러 번 독립을 시도했으나 성공하지 못했다. 미국이 쿠바를 도와서 미국-스페인 전쟁에서 미국이 승리했고 드디어 1902년에 쿠바는 스페인으로부터 독립했다. 미국과 친밀한 관계가 되고 경제적으로도 부흥하여 대리석으로 큰 건물을 지은 것도 이때다. 그러나 정부가 부패하고 1959년 카스트가 혁명을 일으킨 후에 공산국가가 되면서 쇠퇴의 길을 걸었다.

쿠바 사람들의 봉급은 누구나 할 것 없이 월 25달러 정도라고 하는데 이것으로는 도저히 생활이 되지 않는다. 보름 정도 지나면 돈이 다 떨어져 그다음은 대부분 막일을 하면서 하루하루 살아간다고 한다. 의사나 변호사, 택시 운전사, 그리고 이발사 봉급이 똑같이 25달러인 것이다. 모두 공평하게 살자는 뜻에서 시작되었겠지만 일을 더 열심히 해도 25달러, 일을 게을리해도 25달러를 받으니 매사에 열심히 일하는 사람이 없다. 그래서 자연스럽게 나라가 부흥되기 힘들다. 이것이 바로 공산주의와 사회주의의 맹점이다.

최순자 박사 등 우리 일행 10명은 쿠바의 몇 군데 교회에서 72쌍의 결혼식을 도와주었다. 이들은 대부분 이미 결혼해서 사는 사람들인데 돈이 없어서 결혼식을 올리지 못하고 있었다. 여자들은 하얀 웨딩드레스를 입고 정식으로 결혼식을 올리는 것이 소원이라고 한다. 이런

합동결혼식

축가

결혼식 사진 액자

성인식(Quince, 낀세)

사정을 알고 그곳에 있는 선교사가 8주간 성경 공부를 시킨 다음 결혼식을 올리도록 돕는 프로그램을 만들었다. 미국에서 하얀색 웨딩드레스 수십 벌을 준비해서 가지고 갔는데 웨딩드레스는 결혼식 때만 대여해 주었다.

우리는 신부들을 곱게 화장해 주고 드레스를 몸에 맞게 고쳐 주었다. 결혼식에서 나는 축가를 불렀는데 성악 공부를 한 것이 쓰임 받을 수 있어 감사했다. 여러 명의 신랑 신부가 함께 결혼식을 올리니 각 가족까지 합치면 실로 큰 잔치가 된다. 케이크를 자르고 음료수를 마시며 신나게 춤을 추는 파티를 열어 주었다. 결혼식 사진과 가족사진을 찍어 액자와 사진첩을 만들어 주면 신랑 신부들은 눈물을 글썽이며 기뻐서 어쩔 줄을 모른다. 그들 일생에 처음으로 찍는 결혼사진인 것이다.

쿠바 사람들은 폐쇄된 공산주의 사회에서 힘겹게 살아가지만 서구의 나쁜 영향은 받지 않은 탓인지 사람들이 순진하고 순수하다. 어린 아이처럼 기뻐하는 그들의 모습에 우리 일행은 결혼식 준비의 고단함도 잊을 수 있었고 늘 힘이 솟았다.

결혼식 못지않게 뜻깊은 행사는 성인식이다. 남미 지방에는 성인식이라는 풍습이 있다. 스페인어로 낀세(Quince)라고 하는데 15세라는 뜻이다. 이는 유대인들이 행하는 미쯔바(Bar Mitzvah)나 기독교의 견진성사(Confirmation)와 비슷한 것이다. 이 아이들에게도 8주간의 성경 공부를 시키고 예쁜 드레스를 입힌 후 파티를 열어 준다. 어떤 교회에서는 7명이 성인식에 참여했는데 6명이 예수님을 몰랐다가 8주간의 성경 공부를 통해 모두 예수님을 영접했다. 우리는 할렐루야를 크게 외치며 기뻐했다. 비록 소수였지만 뜻깊은 예식이었다. 이들이 모두 계속해서 교회에 나와 주님을 섬기게 되기를 기도한다. 이런 청소년들이 성장하여 쿠바에 기독교 전파의 발판을 마련해 주기를 바란다.

수도 아바나에는 작은 한인 교회가 있다. 자그마한 아파트에 십여 명이 모였지만 쿠바 이민 2세와 3세들을 만나서 반가웠다. 쿠바에는 현재 약 1,000명 정도의 한국인 살고 있다고 한다.

쿠바에서 인상 깊었던 것 중 하나는 신학 교육이었다. 쿠바는 공산주의가 되면서 기독교를 탄압했다가 요즘엔 많이 완화되었다. 하지만 교인 수가 많아지면 정부에서 감시하고 통제한다고 한다. 따라서 교인이 20명이 넘으면 분가해서 다른 교회를 세운다. 그래서 작은 교회들이 무척 많다. 그런데 교회 숫자에 비해 목회자 수가 적은 것이 문제다. 정식으로 신학 교육을 받지 않은 평신도가 분가된 교회를 인도하게 되기 때문이다. 그래서 LA 은혜한인교회의 김광신 목사는 쿠바의 목회자들을 위해 2016년 은혜신학교를 세우고 신학 교육을 시작했다. 이름은 신학교지만 우리가 생각하는 신학교는 아니다. 오히려 목회자 훈련 학교라고 하는 것이 적당하다.

쿠바의 은혜신학교에서 찬양하는 현지인 목회자들

내가 그곳에 가 있는 동안에 쿠바의 시골 교회를 인도하는 약 70명의 목회자가 8-9개월간 집과 자신의 교회를 떠나 그곳에서 합숙하며 집중 연수 교육을 받고 있었다. 교회에서 숙식을 제공하고 교육받는 사람은 월 50달러 정도를 낸다고 한다. 그들의 월급이 25달러 정도니까 50달러면 자기 봉급의 배를 내야 한다. 그런데도 그들은 열심히 교육에 참여했다.

수업은 신학 교육보다는 주로 성경 공부 중심으로 이루어졌다. 온종일 기도와 찬송과 성경 공부로 9개월 정도를 지내니 성경에 대해 많은 것을 배우고 나가게 된다. 강의는 쿠바의 목사들과 한인 선교사들이 담당했다.

나도 한 번 수업을 청강했는데 30분 동안 계속되는 찬송과 기도의 열기가 천장을 데울 듯 뜨거웠다. 수업받는 사람들의 태도가 얼마나 열정적이고 진지한지 큰 은혜를 받았다. 수업이라기보다는 꼭 부흥회 같았다.

이런 신학교를 운영하기 위해서는 많은 인원과 경비가 소요되는데 우리가 힘을 합쳐 이런 좋은 프로그램을 잘 도와야 할 것이다. 하나님의 말씀이 금지되었던 공산국가인 쿠바에 좋은 목회자가 배출되어 쿠바에 복음이 계속 전파되어 나가기를 기도하면서 쿠바에서 돌아왔다.

MEDICAL MISSION

14

코스타리카의 행복

2018년 2월 코스타리카에서 있었던 가정 사역에 참여했다. 2017년 쿠바 단기 선교에 함께 갔던 MOM(Messengers Of Mercy) 선교회의 최순자 박사와 나의 아내 등 10명이 동행했다. 그곳에는 윤익수 목사 부부가 사역하고 있었는데 윤 목사는 코스타리카뿐 아니라 쿠바 등 중남미 여러 나라의 가정 사역을 인도하고 있는 귀한 선교사다.

윤 목사 부부는 코스타리카에서도 쿠바와 마찬가지로 코스타리카 사람들의 결혼식과 성인식을 도와주었다. 이들은 경제적으로 넉넉하지 못해 결혼식을 올릴 여

윤익수 선교사 부부

유조차 없었지만 표정이 밝고 당당한 것이 인상적이었다. 대화를 나눠보니 사고방식이 긍정적이고 삶을 행복하게 여기고 있었다. 이들의 행복한 마음은 어디에서 연유하는 것일지 궁금했다.

미국의 유명 잡지 〈내셔널 지오그래픽〉(National Geographic)에서 '행복을 찾아서'(2017)라는 주제로 세계에서 가장 행복하게 사는 세 나라를 선정했는데 덴마크, 싱가포르와 함께 코스타리카가 뽑혔다. 덴마크와 싱가포르는 부자 나라이고 사회 복지제도가 잘 되어 있는 나라라서 이해가 된다. 그런데 코스타리카는 가난한 나라인데 어떻게 행복한 나라로 선정이 되었을까? 참고로 몇 나라의 국민 소득(GDP)을 소개한다(2017년 IMF 통계).

싱가포르	$90,531
덴마크	$49,613
코스타리카	$17,149
미국	$59,495
한국	$39,387

코스타리카는 '풍요로운 해안'이라는 뜻으로 산과 바다의 경치가 무척 아름답다. 그러나 산과 숲이 많아서 쌀이나 옥수수 등의 농사를 경영할 만한 넓은 농장이나 공장이 들어 설 자리가 마땅치 않다. 따라서 큰 기업이 발달하지 못하고 소기업들이 대부분이다. 중산층이 많지만

〈내셔널 지오그래픽〉 '행복을 찾아서'

코스타리카

큰 자본으로 거부가 되기는 힘들어서 부자가 많지 않다. 그래서 국민 또한 부자가 되는 것을 크게 꿈꾸지 못하는 것 같다. 그들은 비슷비슷한 형편으로 사는 것에 만족하고 행복하게 산다.

코스타리카라는 나라가 가난하지만 행복하게 사는 나라로 선정된 것을 보면서 물질에 중점을 두는 우리 나라의 가치관과 차이가 있음을 느낄 수 있었다. 그들은 행복의 기준을 최소한 돈에 두고 있지는 않다고 여겨졌다.

중산층이 자리를 잡고 살아야 나라가 안정되는 법인데 그렇다면 어느 정도의 기준이 되어야 중산층이라고 할 수 있는 것일까? 나라마다 중산층의 기준이 다르다.

- 한국의 중산층 기준(직장인 대상 설문 결과)

    1. 부채 없는 아파트 30평 이상 소유한 사람

    2. 월급이 500만 원 이상인 사람

    3. 자동차 2,000CC급 중형차를 소유한 사람

    4. 통장 잔고 1억 원 이상을 보유한 사람

5. 1년에 한 번 이상 해외여행을 가는 사람

- **프랑스의 중산층 기준(퐁피두 대통령이 정함)**

  1. 외국어를 하나 정도 구사하는 사람
  2. 스포츠를 즐기는 사람
  3. 악기를 연주할 줄 아는 사람
  4. 자기만의 독특한 레시피를 보유한 사람
  5. '공분'에 의연히 참여하는 사람
  6. 약자를 도우며 꾸준히 봉사활동에 참여하는 사람

- **영국의 중산층 기준(옥스퍼드 대학 제시)**

  1. 페어플레이하는 사람
  2. 자신의 주장과 신념을 가진 사람
  3. 독선적으로 행동하지 않는 사람
  4. 약자를 두둔하고 강자에 대응하는 사람
  5. 불의, 불평, 불법에 의연히 대처하는 사람

- **미국의 중산층 기준(공립 학교에서 가르치는 기준)**

  1. 자신의 주장에 떳떳한 사람
  2. 사회적인 약자를 돕는 사람
  3. 부정과 불법에 저항하는 사람
  4. 테이블 위에 정기적으로 받아보는 비평지가 놓여있는 사람

(출처: bigpicture01.tistory.com/34의 2017년 보고)

우리나라는 돈에 절대적 가치를 두지만 프랑스와 미국 등은 개인의 신념을 중요시하면서 사회적 역할을 강조하고 있다. 한국 사회는 일정한 수준의 돈만 있으면 중산층이 될 수 있지만, 선진국들은 중산층이 될 만한 자격을 갖춘 사람이 중산층이 된다고 할 수 있다. 이러한 기준은 돈으로 살 수 없을 뿐만 아니라 개인의 자질을 포함하고 있다. 진정한 선진 사회로 가기 위한 조건으로 보인다.

 한국은 예전보다 경제적으로는 윤택해졌지만 행복하지 않은 사람이 많은 것 같다. 1967년 내가 처음 미국에 왔을 때 미국에 온 한인들은 대부분 가난하게 살았지만 비교적 행복했다. 누구나 다 비슷한 수준으로 살아서 경쟁이나 시기 질투에 얽매이지 않았다. 하지만 이제는 언제 이민을 왔고 또 어떤 직업을 가졌는가에 따라 경제적인 차이가 벌어지게 되었다. 그래서 여유가 없는 사람들은 잘사는 사람들을 보며 위축감을 느끼게 되었다. 경쟁심 없는 행복한 마음을 갖기 힘들어졌다.

 한국인들의 가치관과 행복관이 차츰 변화되었으면 하는 바람이다. 편안한 삶을 살기 위해서는 경제적인 안정이 필요하지만, 돈이 전부가 아니다. 서로 아끼고 신뢰하는 마음이 뒷받침되어야 한다. 지나친 경쟁과 비교 의식은 마음을 힘들게 한다. 예수님을 믿는 신앙을 갖는 것이 더욱 중요하다.

MEDICAL MISSION

KAMHC(한미의료선교협의회)에서 GMMA로

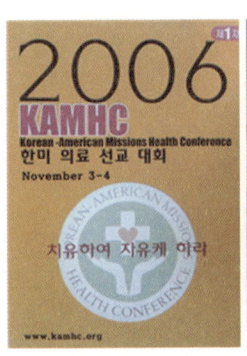 

제1차 한미의료선교대회

1980년 초부터 미주 여러 지역에서 한인들이 단기 의료 선교를 나가기 시작했다. 미주 지역에서 의료 선교에 관심을 갖고 있는 한인들이 얼마나 될까 궁금했다. 그리고 의료 선교에 관심이 있는 사람들끼

리 함께 만나 보면 좋겠다는 생각을 갖게 되었다.

그러던 차에 2000년 11월에 켄터키주의 루이빌에서 열리는 미국 의료선교대회에 참석해서 도전을 받았고 우리도 이런 의료선교대회를 가졌으면 좋겠다고 생각했다. 하지만 어떻게 해야 할지 엄두를 내지 못하고 있을 때 마침 한국 의료선교회 대표인 외과 의사 이건오 장로가 2005년 미국 순방 중 필라델피아에 왔다. 그리고 우리 집에서 10여 명의 의사와 함께 만남의 시간을 가졌다.

이건오 장로는 한국에서 선교대회를 여러 차례 치른 베테랑이다. 한인 의료선교대회에 관한 우리의 생각을 말하자 이건오 장로는 어떻게 하면 선교대회를 치를 수 있을지 구체적인 노하우를 가르쳐 주었다. 마음에 불이 붙은 우리는 몇 사람이 주축이 되어 내가 초대 회장을 맡기로 하고 한미의료선교협의회(Korean American Missions Health Council, KAMHC)를 만들었고 속히 선교대회를 준비하기로 했다.

어바인(Irvine, California)에 있는 베델한인교회의 손인식 목사가 적극적으로 지원해 주기로 했다. 그렇게 해서 2006년 11월 4일 베델한인교회에서 미국에서 처음으로 한인 의료선교대회가 열렸다. 미국 의료선교대회의 시작은 한국의 외과 의사 이건오 장로와 베델한인교회의 손인식 목사 및 산부인과 의사 한일 장로가 있었기에 가능했다.

첫 대회라 과연 얼마나 많은 사람이 참석할지 예측할 수 없었는데 놀랍게도 총 800명 정도가 참석했다. 첫 대회에 이렇게 많은 사람이 참석하리라고는 상상하지 못했다. 그 많은 인원의 대회 참여와 숙식 준비 등 모든 진행이 순조롭게 이루어졌다. 베델한인교회 성도들의 세심한 배려에 다시 한번 감사드린다. 우리는 이 모임을 통해 만남의 기회를 갖고 주님의 은혜를 나누며 선교의 도전을 받았다. 또한 의료 선교의 네트워크를 형성하며 의료 선교 방법에 관한 의견을 나누는 등의 시간을 가졌다. 첫 대회를 시작으로 2년마다 선교대회를 열었으며 대회 외에도 의료 선교사 발굴, 단기 의료 선교, 그리고 미국과 한국의 의료인들과의 교류를 확대하며 계속 발전해 왔다.

협의회의 목표 중 하나는 빠른 시일 내에 2세들에게 협의회 지도권을 넘겨주자는 것이었다. 2014년에 정수영(Peter Chung) 심장외과 의사가 회장이 되면서 큰 변동이 일어나기 시작했다. 그는 대학생 전도에 많은 경험이 있는 의사여서 2세들의 참여가 무척 활발해졌다.

2016년 대회부터는 1.5세와 2세들이 주축이 되어 진행해 보기로 결정했다. 그런데 중요한 안건이 대두되었는데 대회 이름을 바꾸자는 의견이었다. 한인들에 국한되어 있던 대회 이름에서 'Korean'을 빼고 대신 'Global'을 넣어 GMMA(Global Medical Mission Alliance)로 바꾸자는 제안이었다. 이름을 바꾸는 것은 작은 일이 아닌 데다가 'Korean'을 빼는 것이 쉽지 않았으나 협의회는 2015년에 이름을 바꾸기로 과감히 결단을 내렸다. 한국인들만 모이는 모임에 집중하기보다 그리스도를 사람들에게 전하는 일이 우선되어야 하며 인종을 초월한 그리스도인의 정체성이 더 중요하다는 데 생각을 모은 것이다.

2015년 이후 GMMA는 계속 발전해 현재 미주 동부와 서부의 40개 대학 캠퍼스에 지부를 두고 주로 의료 계통의 일에 종사하는 젊은이들이 모임을 갖고 있다.

마침내 1.5세, 2세들이 준비한 제6차 의료선교대회가 2016년 6월 24, 25일 양일간 베델한인교회에서 열렸다. 인종을 초월해 미주 각지에서 무려 1,300여 명이 이 대회에 참석했고 의료 선교의 정보를 교환하며 의료 선교의 역사와 전략을 배우는 뜻깊은 시간이었다.

세계 복음화에 주력하고 있는 국제 로잔대회 총재 마이클 오 목사의 강의와 70여 전문 선교사들의 특강도 마련됐다. 세미나와 워크숍 등 치밀하고 일사불란한 진행으로 참가자들에게 큰 도전의 시간이 되었으며 차세대 의료 선교의 길을 열었다.

KAMHC를 만든 지 10년 만에 2세들이 대회를 주관해서 이끌어 나가는 것을 보면서 너무나 감동이 되고 감사할 따름이다. 인종을 초월한 2세들의 이런 움직임은 너무나 중요하며 앞으로의 선교가 나아가야 할 방향이다. 이들을 통해 의료 선교의 불이 꺼지지 않고 어두운 곳에 소망의 불이 밝혀지길 간절히 기도한다.

KAMHC, GMMA 선교대회(2016)

2016년 대회를 마치면서 소아과 의사이며 GMMA 이사인 매리 노 (Mary Roh)가 드린 아름다운 감사 기도를 소개한다.

• GMMA post conference prayer(Mary Roh, M.D.)

Dear God, Thank You for the tremendous outcome of the GMMA National Conference. We want to give You all the credit. We declared that You are the reason for this conference, and that our desire was for You to be highlighted and glorified.
We asked You to bless the conference and You did.
We asked for Your Presence, and You came.
We asked for people to come and be blessed, and they were.
We asked for Your anointing on the speakers, and they were.
We asked for Unity of spirit among those that served, and there was.
We asked for a spirit of Peace to prevail, and there was.
We asked for strong commitments for Your Kingdom work, and many stood up to commit their lives and say, "Here am I, Send Me!"
We asked that this conference would plant the seeds for worldwide evangelism, and we believe in FAITH that You will watch over every seed that was planted in the hearts of those that

attended, water and tend it so that one day it will bear great fruit for Your Kingdom.

Thank You! Thank You! Thank You! Abba, You are so good to us! We love You!

• GMMA 의료선교대회를 마치고 드린 감사 기도 (매리 노)

하나님께 이 대회를 축복하여 달라고 기도했습니다.
하나님은 그렇게 하셨습니다.
하나님께서 친히 이 대회에 오서 달라고 기도했습니다.
하나님이 오셨습니다.
많은 사람이 오게 해 달라고 기도했습니다.
많은 사람이 왔습니다.
강사님들에게 기름을 부어 달라고 기도했습니다.
기름을 부어 주셨습니다.
봉사자들이 한마음이 되게 해 달라고 기도했습니다.
한마음이 되었습니다.
우리 모두에게 편안한 마음을 달라고 기도했습니다.
편안한 마음을 주셨습니다.
"내가 여기 있나이다 나를 보내소서" 라고 기도했습니다.
많은 헌신자를 주셨습니다.
이 대회가 세계 선교에 작은 씨앗이 되게 해 달라고 기도했습니다.

그렇게 하셨습니다.

심어진 씨앗들이 잘 자라서 좋은 열매를 맺게 해 주시기를 기도합니다.

감사합니다. 참 좋으신 우리 하나님 아버지를 사랑합니다.

MEDICAL MISSION

16

세계의료선교회
– 단기 의료 선교의 복덕방

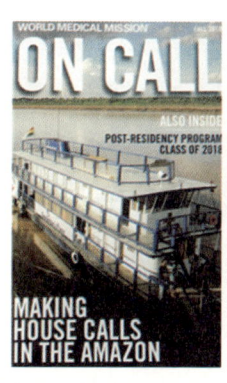

〈On Call〉 잡지 표지 　　나라마다 찾고 있는 전문의 목록

1983년에 나는 단기 선교에 참여하고 싶은 꿈을 갖게 되었다. 하지만 어디로 가서 어떻게 봉사를 해야 할지 아무런 지식도 없었고 정보도 구하기 쉽지 않았다. 더구나 나는 방사선과 의사이므로 선교지에 가서 일할 수 있는 곳도 극히 제한되었다. 그러던 중 세계의료선교회(World Medical Mission, WMM)를 알게 되었

고 보르네오 섬의 베데스다병원을 소개받아 한 달간 첫 단기 선교를 가게 되었다.

첫 번째 단기 선교를 떠나던 순간은 34년이 지난 지금도 기억이 생생하다. 나는 1983년에 PCA 장로교 총회 선교부(MTW, Mission To the World)에 단기 선교를 신청했다. 방사선과 의사로 선교지 병원에서 3주일간 봉사하기를 원한다고 했는데 몇 개월이 지나도 아무 대답이 없었다. 방사선과 의사가 갈만한 곳이 별로 없는 것 같았다. 그래서 우리 교회 림택권 목사의 권유대로 인도네시아에 일반 의사로 신청해서 1984년 1월에 선교를 떠나기로 마음먹었다.

나는 세계의료선교회에 전화를 걸어 문의했다. "저는 방사선과 전문의입니다. 전문의로서 단기 선교에 가고 싶은데 오라는 곳을 찾지 못했습니다. 그래서 일반 의사로서 1984년 1월에 인도네시아 선교를 가려고 합니다. 인도네시아의 어디로 가서 무엇을 어떻게 해야 하는지 잘 모르니 도와주십시오."

상대방에게서 잠시 아무 응답이 없었다. 전화가 끊어졌나 싶었는데 다시 말소리가 들려 왔다.

"닥터 전, 참으로 신기한 일입니다. 우리 선교회에서는 1984년 1월에 인도네시아 보르네오 섬(지금은 칼리만탄이라고 부른다)의 베데스다 선교병원에 가서 한 달간 봉사할 방사선과 의사를 수개월 동안 찾고 있었습니다!"

나는 너무 놀라고 감격해서 더 말을 잇지 못하고 "할렐루야!"만 반복하고 수화기를 내려놓았다. 그 때의 통화 내용이 지금도 이따금씩 생각나는데 하나님이 살아 계신 것을 피부로 느끼게 해 주며 믿음이 약해질 때 큰 원동력이 되어 준다.

첫 번째 선교 후에 케냐, 콩고, 스와질란드, 인디아, 브라질, 러시아, 방글라데시, 에콰도르, 예멘 그리고 아프가니스탄 등의 여러 나라에 단기 선교를 다녀왔는데 그때마다 세계의료선교회의 친절하고 적극적인 도움을 받았다.

세계의료선교회는 단기로 선교지 병원에 가서 봉사하려고 하는 의료인들에게 둘도 없는 귀중한 자료를 제공해 준다. 단기 의료 선교를 위한 상세한 정보뿐 아니라 선교를 떠나는 데 필요한 비자, 비행기표, 숙소 등 구체적인 여러 일을 도와준다.

〈On Call〉이라는 잡지에는 여러 나라에서 현재 봉사하고 있는 사람들의 이름을 나라별로 열거한 내용이 실려 있다. 또한 단기 선교 봉사자를 기다리고 있는 선교병원과 전공 분야도 상세히 알려 주는 등 선교의 좋은 복덕방 역할을 하고 있다.

로웰 퍼맨(Lowell Furman)과 리처드 퍼맨(Richard Furman)은 형제이자 외과 의사였다. 이들은 선교병원에서 손이 모자라 쩔쩔매는 의료 선교사들을 돕기 위해 단기로 가서 도와주는 프로그램을 만들고자 했다. 그래서 Samaritan's Purse(사마리아인의 지갑)의 회장인 프랭클린 그레이엄(Franklin Graham, 빌리 그레이엄 목사의 아들)과 의논해서 1977년 Samaritan's Purse 산하에 세계의료선교회(World Medical Mission)를 만들기로 했다. 그 결과 2018년 현재 20여 개국에 200여 명의 의사와 간호사가 단기 선교로 나가 수고하고 있다.

내가 마지막으로 세계의료선교회를 통해 단기 선교를 간 것은 2006년 아프가니스탄이었다. 하지만 그 후로도 세계의료선교회로부터 연락이 오곤 한다. 회장인 프랭클린 그레이엄은 내가 세계의료선교회를 통해 단기 선교를 다녀온 지 10년 이상이 지났는데 아직도 매년 크리스마스 카드를 내게 보내온다. 세계의료선교회의 이사인 베키 윌리엄스(Becky Williams)는 수십 년 동안 구체적인 선교지 정보에 대한 도움을 내게 줄 뿐 아니라 격려와 용기를 아끼지 않는 나의 좋은 친구가 되었다.

프랭클린 그레이엄이 매년 내게 보내 주는 카드

아프리카 내지선교회
– '예수님은 당신과 무슨 관계입니까?'

1995년 여름에 아프리카 내지선교회(Africa Inland Mission, AIM)의 CEO인 테드 바넷(Ted Barnett)에게서 전화가 걸려 왔다. 나를 AIM 이사로 초청하고자 인터뷰를 하고 싶다고 했다. 나는 흔쾌히 승낙했다. 며칠 후 한 은발의 노신사가 뉴저지 체리힐에 있는 내 집을 방문했다. 그는 아프리카 내지선교회 이사 중 한 사람이었는데 직접 인터뷰를 하러 온 것이었다. 서로 인사를 나눈 후 그는 내게 첫 번째 질문을 던졌다. "예수님은 당신과 무슨 관계입니까?" 다시 말하면 '당신은 예수님을 믿습니까?'라는 뜻이었는데 충격적인 질문이었다. 내게 선교회 이사로 와 달라는 요청을 하러 온 사람이 내가 예수 믿는 사람이냐고 묻다니 이건 조금 실례가 아닌가 하는 생각이 들었다. 당황해서 우물

쭈물하며 어떻게 대답을 했는지 잘 기억이 나지 않는다.

그런데 그가 떠난 후 곰곰이 생각해 보니 참으로 중요한 질문이라는 생각이 들었다. 나의 학력이나 경력이나 재력 등에 관심을 갖는 대신 내가 진실로 예수를 믿는 사람인가가 중요했던 것이다. 그 후로 나도 교회의 청빙위원 중 한 사람으로서 교사나 전도사, 심지어 목사를 초빙하는 경우에도 그 노신사가 담담히 던졌던 질문을 기억하며 "당신과 예수님은 어떤 관계입니까?"라고 묻곤 했다.

CEO 테드 바넷(AIM 이사회 뒷줄 우측에서 세 번째), 저자(앞줄 우측)

나는 선교회 이사직을 아프리카 내지선교회에서 처음으로 섬겼다. 사실 아프리카 내지선교회가 왜 나를 초청했는지는 지금도 잘 모르겠다. 나는 선교회에 대한 경험이 전혀 없었으며 단지 단기 의료 선교를 10여년 다녔을 뿐이다. 의료에 관한 일이라면 영어에 어려움이 없어서 참여하기가 어렵지 않겠지만 선교회의 일은 달랐다. 나는 선교 정책에 관한 일과 재정에 대해서는 문외한이었고 재정에 관한 말은 제대로 알아듣지도 못했다. 그래서 이사회를 섬겼다기보다는 배운 것이 훨씬 더 많다. 나는 1995년부터 2003년까지 8년 동안 아프리카 내지선교회 이사로 섬기면서 여러 가지 은혜로운 경험을 하고 많은 것을 배웠다.

그중 두 가지 경험을 나누고 싶다. 첫 번째로 제일 충격적이었던 것은 아프리카 내지선교회의 킨저(Kinzer) 선교사다. 1985년에 나는 케냐의 텐웩(Tenwek)병원으로 단기 선교를 가는 길에 수도 나이로비에서 이틀간 묵었다. 이때 아프리카 내지선교회에서 경영하는 숙소(Mayfield Guest House)에서 지내게 되었다. 많은 선교사가 이곳에 들러서 하루나 이틀을 묵고 자기 선교지로 떠난다.

이곳을 운영하는 사람은 척(Chuck)과 바비 킨저(Bobbi Kinzer) 선교사 부부다. 그들은 그 숙소를 유지하는 일부터 선교사들을 위한 식당 운영, 세탁물 처리, 건물 관리와 그 외 잡일을 맡아서 하고 있었는데 문득 나는 이상한 생각이 들었다. 신학 교육을 모두 마치고 목사가 되어 선교사로 온 사람들이 어떻게 선교는 하지 않고 숙소 관리만 하고 있을까? 이런 일만 하는 사람도 선교사라고 할 수 있을까? 내가 만일 선교사로 간다면 이런 일은 하지 않을 거라고 생각했다.

메이필드 선교사 숙소에서 아내와 함께

나의 이런 생각이 변해서 이런 일들도 선교의 한 부분이라는 것을 깨닫는 데까지는 여러 해가 걸렸다. 선교란 오직 말로 복음을 전하고 성경을 가르치는 것만이 아니다. 숙소의 운영이라든가 선교지에서 아이들을 가르치는 일 등, 복음 사역의 그늘에 가리어 보이지 않는 곳에서 온갖 허드렛일로 봉사하는 일들도 복음을 전하는 일 못지않게

127

중요한 선교의 일이다.

선교사라면 누구나 복음을 전하고 성경 가르치기를 원한다. 새로운 목사 선교사가 임지에 도착했다고 하자. 현지 선교팀의 리더가 새로 온 선교사에게 지금은 복음 전하는 사역보다 부엌일을 맡으라고 한다면 그는 아마 스트레스를 받을 것이다. '나는 부엌일을 하러 이곳에 온 것은 아닌데.'라고 생각할 것이다. '내가 부엌일을 한다고 하면 후원 교회와 후원자들은 나를 어떻게 볼까? 아마 선교비가 끊길 수도 있겠다.'고 걱정하게 될 것이다. 이런 선교사의 고민을 해결하기 위해서는 선교사들의 생각뿐 아니라 후원 교회들의 생각도 변화되어야 한다.

첫째, 전도와 성경을 가르치는 것만이 선교라는 좁은 생각에서 벗어나야 한다. 둘째, 너무 큰 꿈을 버려야 한다. 주님은 작은 일에 충성하라고 하셨는데 내가 선교지에서 만났던 선교사와 후원 교회 및 후원자들 중엔 직접적인 전도 이외의 일들을 하찮게 여기는 경우가 적지 않았다. 그리고 지나치게 큰 꿈과 기대를 갖고 있기도 했다. 힘겨운 목표를 조속한 시일 내에 성취해야 한다는 강박 관념 때문에 많은 선교사의 신경이 예민해지는가 하면 자칫 좌절감이나 우울증에 빠지기도 한다. 효과적인 선교를 위해 선교사나 후원자들 모두가 너무 큰 꿈을 갖지 말고 어떤 일이든 귀하게 여길 줄

RVA(Rift Valley Academy)

알아야 할 것이다.

두 번째로 기억에 남는 것은 아프리카 내지선교회에서 운영하는 1906년에 세워진 RVA(Rift Valley Academy) 학교다. 이 학교에는 유치원부터 12학년까지 약 500명의 학생이 있다. 매년 변동이 있지만 학생들은 대체로 미국 자녀가 전교 60%(약 300명), 한국 자녀가 전교 20%(약 100명), 케냐 자녀가 전교 15%, 기타는 전교 10% 정도로 구성된다.

정규 수업 이외에 과외 수업, 특히 운동 시설이 잘 발달돼 있는데 축구, 야구, 테니스는 물론 등산과 여행도 할 수 있다. 나는 1989년에 RVA를 방문할 기회가 있었는데, 10여 명의 학생이 4명의 훈련된 교사의 인솔로 킬리만자로로 등산을 떠났다. 또 다른 그룹은 빅토리아 호숫가에서 야영을 하며 현장 수업을 즐기고 있었다. 생각지 못했던 교육 방법이어서 인상 깊었다.

RVA는 아프리카의 이튼이라고 불리기도 하는데 영국의 명문 이튼 칼리지와 비교될 만큼 일류 학교라는 자부심 때문이다. 이튼 칼리지(Eton College)는 대학이 아니고 13-18세의 남학생들이 재학하는 중고등학교로, 1440년에 설립되었으며 54명의 국무총리를 배출한 유명한 학교다.

RVA는 아프리카의 선교사 자녀 교육을 위해서 없어서는 안 될 중요한 학교다. RVA를 졸업하면 높은 SAT 점수를 받을 수 있고 미국 대학에 진학하는 데 큰 도움을 준다. 이곳은 1967년에 로이 인트위슬

(Roy Entwistle)이 교장으로 있을 때 미국 국가에서 인정(Accreditation)하는 학교가 되었다.

하지만 학교 운영에 어려운 부분이 있었는데 바로 교사의 부족 문제다. 교사들은 모두 선교사인데 대부분의 선교사는 전도와 선교를 하기 원하지 선교사 자녀들을 가르치는 교사 일을 하려고 하지 않기 때문이다. 이곳에 온 한국 자녀들은 영어를 잘 하지 못하고 외국 생활의 적응에 많은 어려움을 겪는다. 그래서 한국인 교사가 필요한데 RVA에 한국인 교사는 폴(Paul)과 카이 김(Kay Kim) 한 가정뿐이었다. 참으로 안타까운 일이다. 한국인 교사가 좀 더 지원할 수 있게 되기를 바란다.

18

인터서브선교회
– '당신의 안전은 우리의 주요 관심사가 아닙니다'

"Your safety is not our primary concern"(당신의 안전은 우리의 주요 관심사가 아닙니다). 이 말은 한때 인터서브(Interserve)선교회의 선교사 모집 광고 제목이었다. 이런 무시무시한 선교사 모집 광고가 말이 되는가? 납득이 가지 않지만 그 의미심장한 말을 가만히 생각해 보면 말이 된다는 것을 깨달을 수 있다. 목숨 잃을 각오를 하며 현지로 나가는 선교사들에게 안전은 최우선 과제는 아니기 때문이다.

나는 아시아 및 중동 지방 등지 중에서도 가장 외지고 위험한 지역의 사람들을 찾아가는 이 선교회에서 4년 동안 이사로 섬겼는데 참으로 귀한 경험이었다.

2005년 어느 날 아침 신시아 헤일(Cynthia Hale)이 내게 전화했다. 그녀는 인터서브선교회의 이사였는데 만나서 함께 아침을 먹을 수 있냐고 물었다. 그녀는 당시 뉴욕에 살고 있었다. 그런데 인터서브선교회의 본부가 필라델피아에 있어 그곳에 방문하는 길에 전화한 것이다. 용건은 나를 인터서브선교회의 이사로 영입하고 싶다는 것이었다.

내가 이사로 선정된 이유는 한국인들의 선교가 세계적으로 활발하니까 미국 인터서브 선교부에서도 한국 사람을 영입해 보고 싶어서가 아닌가 여겨졌다. 그래서 코리안 아메리칸 중에서 단기 선교 경험이 있고 풀러신학교에서 강의한 경험을 가진 내가 선정된 모양이었다.

신시아 헤일은 소아과 의사인데 외과 의사인 남편 톰 헤일(Tom Hale)과 어린 두 아들과 함께 25년 동안 네팔의 히말라야산맥 속에서 의료 선교를 한 선교사다. 그들은 네팔 선교를 마치고 1996년에 미국으로 돌아왔고 뉴욕에 거주하며 여전히 선교회나 강연 저술 등으로 의료 선교를 알리는 일에 활발하게 활동하고 있었다.

나는 아침 식사를 함께 하기 위해 동네 근처 작은 식당으로 아내와 함께 나갔는데 헤일 부부도 함께 나와 있었다. 톰 헤일은 외과 의사 같지 않게 조용하고 점잖은 선비의 인상인 반면, 신시아는 무척 활달한 성격이어서 첫 만남이라 다소 서먹서먹한 우리의 대화를 자연스럽게 이끌어 갔다. 나는 그들의 제의를 감사하게 수락해 2006년부터 인터서브선교회의 이사로 섬기게 되었다.

이사회는 늘 필라델피아 공항 근처 호텔에서 열렸다. 나는 톰 헤일의 옷차림이 기억에 남았는데 그는 처음 만났을 때 입고 있었던 청색 줄무늬 셔츠를 1년 후, 그리고 다시 2년 후 만났을 때도 똑같이 입고 나왔다. 지극히 소박한 그의 성품을 엿볼 수 있었다.

이사회 안건을 논의할 때는 안건 토의보다는 성경을 읽고 은혜를 나누는 시간을 길게 갖곤 했다. 그래서 인터서브 이사회는 회의 시간이라기보다는 성경 공부 시간 같았던 것으로 기억된다. 겸손하고 친절했던 이사들과 좋은 추억을 쌓을 수 있어서 하나님께 감사하다.

톰 헤일

신시아 헤일과 저자의 아내 전영애

나는 인터서브 외에도 AIM(Africa Inland Mission), CMDA(Christian Medical and Dental Association) 그리고 웨스트민스터(Westminster) 신학대학에서 이사로 일했다. 나의 작은 경험으로 아이디어를 제시하기보다는 다양한 경험을 갖고 있는 미국 선교회들의 운영을 배우는 좋은 기회였다. 그렇게 배운 것을 한국 선교회에 알려 주는 징검다리 역할을 할 수 있다면 무척 보람 있는 일일 것이라는 생각이 들었다. 나는 단기 선교를 떠날 때 가능하면 매해 다른 선교회에서 섬기는 다른 지역으로 가고 싶었는데 그 이유 역시 각각의 의료 선교회가 현지에서 어떻게 운영되고 있는지 또 어떤 문제가 생겼을 때는 어떻게 해결해 나가는지 배우고 싶었기 때문이다. 나는 이렇게 보고 듣고 배운 것을 미국의 풀러신학교와 한국의 아세아연합신학대학의 학생들에게 강의를 통해 전달했다.

한번은 GMMA(Global Medical Mission Alliance) 이사회 회의 중에 이사 인원을 몇 명으로 제한할지, 그리고 의과대학 학생들이나 레지던트 수련의들을 이사회에 들어오게 할지에 대한 토론이 있었다. 그때 내가 CMDA 이사로서의 경험을 소개했다. CMDA에서는 학생에게도 이사직을 주는데 대신 투표권은 주지 않고 1~2년 동안 트레이닝을 받는 이사를 로테이션으로 영입했었다. 그러면 의료 선교를 더 열심히 하게 되고 나중에 이사로 올 수 있는 기회가 더 많아지기 때문이다. 나는 CMDA에서 배운 대로 의견을 제시했고 GMMA에서 그 의견을 받아들여서 이사 영입에 학생들을 포함하게 되었다.

나는 미국 선교회와 한국 선교회를 연결하는 역할을 하는 것이 나의 임무라고 생각하고 미국 이사회의 4년 임기를 마치면 후배 한인에게 물려준 뒤 나오려고 했다. 인터서브에는 한국 사람으로서 내 조카인 최지수 내과 의사와 노대영(David Roh) 신장내과 의사가 이사로 섬겼고 현재는 스콧 리(Scott Lee) 안과 의사가 인터서브 USA 선교회 이사로 섬기고 있다.

인터서브선교회는 국제적인 기구인데 그중 가장 활발히 사역하는 나라는 미국이고 그다음이 한국이다. 한국 인터서브는 1990년에 설립되었는데 박재형 의사가 초대 이사장으로 섬겼고 현재 인터서브 코리아 대표는 박준범 외과 의사다. 그는 예멘에서 열심히 사역하다가 예멘 국가가 모든 선교사를 추방하는 바람에 현재는 인터서브 코리아 대표로 수고하고 있다.

19

효과적인 선교 보고 요령

단기 의료 선교는 선교지에서 보고 배우며 느낀 것을 잘 전달하는 것이 선교지에서 일하는 것 못지않게 중요하다. 잘 정리된 선교 보고는 아직 선교지 경험이 없는 사람들에게 선교에 대한 관심과 도전을 줄 수 있기 때문이다. 요즘은 선교 보고를 할 때 파워포인트와 동영상을 많이 사용한다. 그런데 잘 찍은 사진에 비해 슬라이드 프레젠테이션을 하는 요령이 부족한 경우를 많이 본다. 효과적인 선교 보고를 위한 슬라이드 팁을 몇 가지 살펴보자.

1. 6x7 법칙

한 슬라이드에 6줄 이내로 작성하고 한 줄에는 7개 이내의 단어를 사용하는 것이 좋다.

2. 가와사키(Guy Kawasaki) 10-20-30 법칙

사람들의 집중력을 최대치로 끌어올리기 위해서는 10개가 넘지 않는 슬라이드를 준비해서 20분 내로 마치며, 슬라이드에 사용하는 글자 크기는 30폰트 이상을 사용하는 것이 좋다.

3. 감동적인 사진을 한 장씩만 보여 주는 것이 효과적이다. 비슷하거나 흔한 사진을 여러 장 반복해서 보여 주는 것은 청중을 지루하게 만들기 때문이다.

4. 사진에는 반드시 스토리가 있어야 한다. 별로 의미 없는 사진들이 너무 많다.

5. 한 슬라이드에 사진이 너무 많거나 반대로 공간이 너무 많은 것을 피하라.

6. 사진은 스크린에 꽉 차게 하는 것이 효과적이다.

◀ 한 슬라이드에 사진이 너무 많다.

◀ 빈 곳이 너무 많다.

◀ 스크린을 꽉 채우는 것이 효과적이다.

7. 사진에 아이 콘택트(Eye contact)가 있어야 좋다.

◀ 아이 콘택트(Eye contact)가 없다.

◀ 아이 콘택트(Eye contact)가 있다.

MEDICAL MISSION

미국에서 가장 큰 의료선교협회(CMDA)

최근에 닥터 데이비드 스티븐스(David Stevens)에게서 그의 은퇴 기념 초대장을 받았다. 내겐 의료 선교의 멘토가 두 사람이 있는데 그 중 한 사람이 닥터 스티븐스이며 또 다른 한 사람은 지역 보건 전도(Community Health Evangelism)의 선구자적 역할을 한 외과 의사 댄 파운틴(Dan Fountain)이다.

1985년 케냐의 텐웩병원에 단기 선교를 갔을 때 온화한 미소의 가정 의학 전문의사인 스티븐스를 처음 만났다. 그는 그곳의 병원장이었는데 텐웩병원에서 10년, 세계의료선교회에서 2년, CMDA(Christian Medical and Dental Association)에서 25년째 CEO로 섬기고 있는 의료 선교의 베테랑이다.

그를 만난 지 어느덧 34년이 되었는데 우리는 여전히 교류를 이어 가고 있다. 의료 선교에 관해 중요한 안건이나 질문이 있을 때 나는 그에게 자문을 구하고 그는 늘 현명한 대답으로 내 문제를 해결해 주었다.

CMDA는 1931년에 설립되고 회원이 약 16,000여 명에 이르는 미국에서 가장 큰 의료선교협회다. 내가 잠시 CMDA 이사로 섬기며 스티븐스를 비롯해 여러 이사와 함께 의료 선교 분야의 다양한 경험을 쌓으며 일할 수 있었던 것은 내게 큰 축복이자 배움의 기회였다.

CMDA가 주축이 되어 매년 11월에 켄터키주의 루이빌(Louisville)에 있는 사우스이스트 크리스천교회(Southeast Christian Church)에서 GMHC(Global Missions Health Conference)가 열렸는데 나는 그 대회에 여러 차례 참석해 많은 것을 배웠다. 선교대회에서 좋은 강사들의 강의만 중요한 것이 아니라는 것도 알게 되었다. 이 대회에는 무려 150여 개가 넘는 전시관이 설치되었는데 여러 의료 선교 기관에서 각각의 특성을 알리는 전시물과 동영상 등을 전시했다. 어떤 선교 기관에서 무슨 일을 하는지 한눈에 일목요연하게 볼 수 있어서 여러 종류의 의료 선교 사역들을 배울 수 있었다. 강의를 듣고 배우는 것도 중요하지만 각각의 분야에 관심 있는 사람과 동역자들을 만나는 일도 무척 의미 있는 일이다.

강의는 주제 강의와 분야별 강의로 나뉘었다. 분야별 강의에서 들었던 것 중에 '선교 보고 요령'에 관한 강의와 '만화를 통해 선교하는 방법'의 강의가 인상적이었다. '선교 보고 요령' 강의는 사진 찍는 기술부터 파워포인트로 효과적인 프레젠테이션을 하는 방법까지 다양하게 가르쳐 주는 내용이었다. 한국 사람들이 주최하거나 모이는 선교대회에서는 '선교를 왜 해야 하는가'라든가 '선교를 꼭 해야 하는 이유' 등 선교의 기본적인 내용을 다루는 강의가 많은 편이다. 반면에 선교에 관한 실제적인 도움이 되는 강의는 적거나 없고 있더라도 참여가 저조하다. 예를 들어 '만화로 선교하기' 같은 강의에 들어가 보면 2-3명만 앉아서 수강하고 있다.

우리나라도 선교 역사가 짧지 않을 뿐 아니라 세계 곳곳에 많은 선교사를 보내고 있으니 선교대회에서 선교의 기초 단계를 넘어 좀 더 실질적인 것을 배울 수 있는 과목들이 더 많이 만들어졌으면 하는 바람이다. GMHC에는 매년 2,000여 명이 참석하는데 의료 계통 종사자나 선교사 등 대부분이 선교에 헌신하고 있는 사람들이라 선교에 관한 기본적인 강의를 넘어 좀 더 실질적인 내용을 배울 수 있다.

2000년 11월에 열린 GMHC에는 한국인들도 100명 정도 참석했다. 의사, 간호사, 약사, 인턴과 레지던트 등 의료 분야에서 일하는 사람들과 대학생 등이었는데 멀리 한국에서도 여러 명이 참여했다. 우리는 선교대회 중에 한인 1세와 2세들의 만남을 가졌고 우리도 한인 의료선교대회를 가져 보자는 의견이 모아졌다. 이렇게 해서 몇 년 후 한미 의료선교협의회(KAMHC)가 태동되었다. CMDA 선교회와 GMHC 선교대회는 미국에서는 물론 한국에 있는 사람들도 참석해서 의료 선교의 방향과 실제 사역 등을 통해 의료 선교를 배우고 도전을 받았으면 좋겠다.

21

아세아연합신학대학교 의료 선교학

의료 선교학은 선교 사역에 있어 참으로 중요한 부분이지만 그 중요성이 잘 인식되지 않고 있다. 전 세계의 수많은 신학교 중에서 의료 선교학을 가르치는 곳은 유일하게 미국의 풀러신학대학원과 한국의 아세아연합신학대학교(아신대, Asian Center for Theological Studies, ACTS) 두 곳뿐이다.

한국 기독교 의료선교협회의 초대회장(1969)을 지내며 의료 선교에 힘을 쏟은 이명수 안과 의사가 1981년에 아신대에 의료 선교학과를 신설해서 초대 과장으로 섬겼다.

풀러신학대학원과 더불어 세계에서 두 곳밖에 없는 의료 선교학과를 개설했다는 의미에서 아신대(ACTS)의 의료 선교학과는 뜻깊은 학과다. 이명수 교수는 의료 선교학보다는 치유 선교학이라고 부르는 것을 권장했다. 의료 선교라면 흔히 의사나 간호사가 하는 일로 국한해서 생각하기 때문이다.

치유 선교는 의사나 간호사들만의 좁은 의미의 의료 선교를 넘어서 영적인 질병과 마음의 질병 등을 다루는 총체적인 치유를 포함한다. 따라서 치유 선교학과에는 의사와 간호사뿐 아니라 목사와 내적 치유자 그리고 가정사역자와 심리학자 등을 포함할 수 있다.

나는 1990년부터 10여 년간 아신대에서 의료 선교학을 가르쳤다. 나와 아신대는 인연이 깊다. 내가 출석하는 필라델피아 한인연합교회 담임목사였던 림택권 목사가 은퇴 후 아신대의 총장으로 부임했다. 또한 아신대를 시작하고 17년이나 총장으로 섬겼던(1981-1998) 한철하 박사의 딸 한상화 아신대 교수가 우리 교회 전도사로 있었고 아신대의 박응규 교수도 우리 교회 부목사로 있었다.

저자(왼쪽)와 한철하 박사(중앙)

나는 한철하 총장의 초청을 받고 아신대에서 의료 선교학을 강의하게 되었다. 그때 아신대는 서울 서대문에 있었고 당시 나는 펜실베이니아 의대 방사선과 조교수로 일하고 있었다. 따라서 휴가 중에 강의를 해야 했는데 1년에 4주인 휴가 중에 2주 정도는 단기 선교로 쓰고 있어서 나머지 휴가 기간은 1주일 남짓이었다. 그래서 아신대 의료 선교학과 한 학기 강의 총 40시간을 1주일에 몰아서 할 수밖에 없었다. 그러자니 하루에 8시간씩 월요일부터 금요일까지 닷새 동안 쉬지 않고 강의하는 강행군을 해야 했다.

아신대 의료 선교학 강의

강의를 하는 강사가 앉아서 할 수는 없으니 8시간 내내 서서 가르쳤는데 강의를 마친 저녁에는 다리가 퉁퉁 붓고 온몸이 젖은 솜처럼 녹초가 되어 쓰러지듯 잠자리에 들었다. 그리고 다음 날 아침이면 잠자리에서 벌떡 일어나 다시 강의를 시작했다. 시차에 적응할 여유도 없이 50-60대의 나이에 그렇게 할 수 있도록 마음과 열정을 허락하신 하나님께 감사할 뿐이다. 지금 다시 하라면 과연 할 수 있을까 하는 생각이 든다. 나이 여든이 넘으니 마음은 있어도 몸이 따라가 주지 못하기 때문이다.

하지만 하루 8시간의 수업에서 힘든 것이 나뿐이었을까? 그 당시 그렇게 중요하게 여겨지지 않았던 의료 선교학 수업을 신청하고 힘든 기색도 없이 함께 공부해 나갔던 학생들이 무척 귀하고 대견하게 여겨진다. 학생은 매년 15명에서 20명 정도였는데 그 학생 중 대부분이 선교사를 꿈꾸고 있었다.

나는 그 강의에서 의료 선교의 역사, 임무, 목적과 목표 그리고 나라와 사람에 따라 접근 방법이 달라져야 하는 '맞춤형 의료 선교' 등을 소개했다. 현지인들을 위한 선교지의 흔한 질환 처치 방법이나 응급 처치 그리고 지역 보건 전도(Community Health Evangelism)에 관한 내용도 포함했다. 선교사들의 육체적인 질병과 스트레스에 관련된 건강 관리도 강의했다.

아신대와 관련해 한 가지 기억에 남는 것은 중국 곤명에서 가졌던 강의다. 곤명은 월남에 인접해 있는 중국 최남단의 원남성에 위치한 도시다. 날씨가 온화하고 경치가 좋아서 관광도시로 유명하다.

아신대에서는 선교지에서 사역하고 있는 선교사들을 위해 한국에 있는 아신대 본교까지 멀리 오는 대신 현지에서 석사 학위 과정을 수강할 수 있도록 프로그램을 마련했다. 나는 2004년 11월 26일, 이 프로그램의 일환으로 '선교사의 건강 관리'라는 제목의 강의를 하러 열흘간 곤명을 방문했다. 거기에는 중국 각지에서 헌신적으로 사역하고 있는 15명의 선교사가 모였다. 호텔에서 조용히 강의를 진행했는데 선교에 관한 부분은 중국에서 마음 놓고 이야기하기가 힘들어서 조심해야 했다. 주로 선교사의 스트레스 문제와 선교사가 현지인들에게 할 수 있는 보건과 위생, 응급 처치 등을 강의했다.

나는 나의 수업이 한국의 신학생들과 중국 현지 선교사들에게 실질적인 작은 도움이라도 되기를 간절히 바랐다. 우리가 함께 머리를 맞대고 예수님의 중점 사역 중 하나인 몸과 마음과 영적인 치유에 관한 공부를 함께 해나갔던 시간이 무척 소중하게 기억된다.

YWAM과 열방대학, 예수제자훈련학교

로렌 커닝햄(Loren Cunningham) 목사가 1960년에 창립한 YWAM(Youth with a mission) 선교회는 세계에서 가장 큰 선교단체다. YWAM 산하에 열방대학(University of the Nations)이 있는데 이 대학의 여러 프로그램 중 예수제자훈련학교(Discipleship Training School, DTS)가 가장 중요하고 유명하다.

2003년에 우리 교회 소아과 의사인 이관우 장로가 예수제자훈련학교를 연수했다. 그는 대구 출신의 전형적인 보수파 장로 교인으로 당시 70세였다. 그의 딸인 지니(Jeannie)가 간호사로 열방대학에서 가르치는 사역을 하고 있었는데 이것이 인연이 되어 이관우 장로가 DTS를 이수한 것이다. 3개월의 수업 과정을 마치고 돌아온 그를 보고 모두 깜짝 놀랐다. 지극히 점잖고 보수적이던 장로가 예배 시간에 주위의 시선을 아랑곳하지 않은 채 두 손을 번쩍 들고 열정을 다해 찬양을 부르는 것이 아닌가. 이전에는 상상도 할 수 없었던 모습이었다. 70세의 보수파 장로교인을 그렇게 변화시킨 DTS는 참으로 놀랍다. 열방대학은 1978년 창립된 이래 수많은 참가자를 변화된 삶으로 인도하고 있다.

나는 하와이 코나(Kona)에 위치한 열방대학 내의 보건대학(School of Healthcare)에서 수년간 의료 선교를 가르쳤다. 강의가 없는 시간에는 DTS에 참석하곤 했다. DTS는 열방대학의 학과 중 가장 중요한 과정이자 열방대학의 필수 과목이다. 이 과정에서는 3개월 수업 후에 2-3개월의 아웃리치(Outreach)로 선교지에서 현장 실습을 한다. 이곳에는 일반 학생들뿐 아니라 선교사들도 많이 참여하고 있는데 선교사들은 이 과정을 통해 다시 에너지를 충전 받고 헌신의 결심을 다지게 된다.

예수제자훈련학교의 수업은 단순히 강의를 듣는 주입식보다 토론이나 간증이 많았다. 미국에서 오래 살아온 나도 간증을 통해 나의 개인적인 이야기를 토로하는 것에는 익숙하지 않은데 DTS 참여자들은 자신의 허물이나 질병 등을 솔직하게 털어놓는 것이었다. 처음에는 좀 놀라기도 했지만 그들의 진솔함에 곧 마음이 숙연해지곤 했다.

DTS는 지식보다는 기독교인의 삶과 헌신을 중요하게 여긴다. 진정한 기독교인은 성경을 얼마나 알고 얼마나 신학에 조예가 깊은가로 가늠하는 것이 아니기 때문이다. DTS 과정은 주님에 대한 헌신 없이 머리만 커진 기독교인이 아니라 자신의 모습을 겸손하게 먼저 돌아보고 말씀을 실천하며 예수님의 제자가 되는 길을 배워 주님께 실제로 헌신하는 사람들을 키워내고 있다는 생각이 들었다. 또한 강의를 맡은 교수 중에 선교사가 많아 사역지에서 헌신하는 산 교육을 배운다고 할 수 있다. 이는 신학을 가르치는 전통적인 신학교와 다른 점이다.

열방대학 채플 시간

하와이 열방대학 기도 시간

열방대학 몬타나 캠퍼스에서

열방대학의 학위는 열방대학 내에서만 통용되므로 정부에서 허가된 학위 과정은 아니다. 여기에는 특별한 이유가 있다고 한다. 정부의 학위 인정에는 규정이 있다. 먼저 학교 근방에 거주하는 교수가 일정 수 이상 있어야 하며 또한 교수의 연봉이 있어야 한다. 하지만 열방대학은 상주하는 교수가 없으며 연봉도 없다. 왜냐하면 교수들이 거의 선교사들이기 때문이다. 그러므로 정부 기준으로는 자격 미달인 것이다. 열방대학과 YWAM은 자본이 엄청 많은 기관이기에 연봉을 주려면 문제가 없을 것이다. 하지만 열방대학에서 추구하는 정신은 학위에 있지 않고 기독교 사역자와 선교사를 길러내는 데 있다.

DTS 출신들은 졸업 후에도 서로 끈끈하고 친밀한 유대 관계를 맺고 믿음의 관계를 유지해 나가는 것을 자주 보게 된다. 참으로 부러운 일이다. 다른 신학교의 학생들과 교수들은 대부분 집에서 왕래하는데 이 학교는 모두 기숙사에서 숙식하며 수업에 참여한다. 나도 그들과 온종일 함께 지내다 보니 학교라기보다는 수련회에 참석한 기분이었다. 맑고 푸르른 태평양이 병풍처럼 주변을 둘러싼 하와이 코나에서 가족 같은 마음으로 수업에 임하다 보면 마음이 열려 서로 사랑하며 아껴주는 친밀한 분위기로 3개월을 지내게 된다.

오대원(David Ros) 목사는 1961년에 미국 남장로교 파송 선교사로 한국에 왔다. 그리고 1972년에 한국에 예수전도단을 설립했다. 그는 그 후 미국의 하와이에서 열리는 YWAM의 예수제자훈련학교(DTS)에 참석하고 난 뒤 1980년에 예수전도단을 YWAM과 통합했다. 미국에서는 오대원 목사가 이끄는 이 통합 그룹을 'YWAM Korea'라고 부르며 한국에서는 예수전도단으로 부른다.

열방대학은 현재 142개 나라에 600여 개의 지부를 두고 97개의 언어로 가르치고 있으며 매년 약 15,000명의 학생이 참가하고 있다. 정식 학위가 없음에도 해마다 열방대학에서 이토록 많은 학생이 헌신하는 모습을 보면 놀랍다. YWAM과 열방대학이 계속 발전하고 훌륭한 전도자와 선교사를 배출하게 되기를 진심으로 기도한다.

23

한인세계선교대회

1988년 7월 25일 무더운 오후에 시카고 근교의 휘튼대학(Wheaton College)에 도착한 나는 흥분된 마음을 감출 수 없었다. 세계 각지에서 땀 흘리며 사역하는 100여 명이 넘는 한국인 선교사를 한번에 만나보는 것은 참으로 귀한 일이었기 때문이다.

제1차 한인세계선교대회

휘튼대학 빌리 그레이엄 센터(1988년 7월)

그 많은 선교사가 도대체 어디에서 왔을까? 어떤 사역을 하며 어떤 보람과 어려움을 겪고 있을까? 직접 만나서 선교 현장에 대해 듣고 싶고 배우고 싶은 욕심에 한껏 마음이 부풀어 올랐다.

세계 선교에 관심을 갖고 있는 최일식 목사 등 미국의 한인 목회자들이 주축이 되어 미국에 한인세계선교대회를 준비하기로 결정하고 마침내 휘튼대학 빌리 그레이엄 센터에서 첫 선교대회를 개최하게 된 것이다.

이 모임에서 기독교한인세계선교협의회(Korean World Mission Council for Christ, KWMC)가 결성됐다. 첫 대회를 빌리 그레이엄 센터에서 갖게 된 데는 빌리 그레이엄(Billy Graham) 목사의 적극적인 협조가 있었다고 한다. 빌리 그레이엄 목사는 휘튼대학의 졸업생이었다.

이 선교대회는 1988년 이후 4년마다 열리며 세계 각국에 나가 있는 한인 선교사들이 참석하는 선교 올림픽이라고도 할 수 있다. 나는 기독교한인세계선교협의회 의료 선교 부의장을 맡아 의료 선교 분야를 담당했다.

첫 대회에 무려 1,500여 명이 참여했고 그중 한인 선교사는 126명이었다. 갈색 벽돌과 하얀 기둥으로 견고하게 지어진 빌리 그레이엄 센터는 1,000여 명이 넘는 인원을 수용하기에 충분했다. 5일간의 대회 기간에 대부분의 참석자는 학교 기숙사를 숙소로 사용했다.

이 대회의 중요한 목표는 비전의 연합, 기도의 연합, 사랑의 교제, 사명의 재무장, 정보와 전략의 상호교류 등이었다. 선교대회는 주 강의와 100개가 넘는 분반 강의, 즉 워크숍 등으로 진행되었는데 제한

된 시간 동안 126개국에서 참석한 선교사들의 선교 보고 워크숍을 모두 들을 수는 없어 아쉬웠다.

기독교한인세계선교협의회는 사무총장이 이끌어 간다. 초대 사무총장은 대회의 기초를 놓은 최일식 목사였고 그 후에 2대 사무총장인 고석희 목사가 근 30년간을 이끌어 왔다. 2017년에는 이승종 목사가 3대 사무총장을 맡게 되었고 고석희 목사는 상임 의장으로 계속 섬기고 있다. 고석희 목사는 기독교한인세계선교협의회를 사실상 이끌어 온 분이다. 나는 그를 '탱크' 같은 사람이라고 생각한다. 큰 규모의 협회를 이끌어 가다 보면 어려운 일이 생기기 마련이나 그는 그런 어려움에 흔들리지 않고 언제나 꿋꿋하게 맡겨진 일을 추진해 나갔다. 투철한 이념과 목표를 가지고 굳건히 서 있는 모습이 탱크와 같아 신뢰가 가고 존경스럽다. 기독교한인세계선교협의회는 선교를 위해 큰 일을 잘 감당해 왔다.

우리 교회에서도 이 선교대회에 여러 번 참가했는데 수십 명이 대형 밴을 몰아 12시간 이상 운전해서 갔다. 나는 말로만 듣던 선교사들을 직접 만날 수 있다는 흥분으로 가슴이 뜨거워졌다. 이 선교대회의 필라델피아 지부장이었던 황기수, 전신자 부부는 선교대회를 섬기면서 도전을 받고 선교사로 헌신하여 1999년부터 지금까지 캄보디아에서 사역하고 있다.

이 선교대회는 계속 성장하여 현재는 총인원 4,000명에 900명이 넘는 선교사가 모이는 집회로 발전했다. 각 선교대회의 참가자 수는 다음과 같다. 앞으로도 계속해서 이 선교대회가 발전해서 한인 선교의 큰 리더가 되기를 바란다.

• 한인세계선교대회 참가자 수

	년도	인원(대략)	선교사	장소
1차	1988	1,500	126	휘튼대학
2차	1992	2,400	238	휘튼대학
3차	1996	3,300	780	휘튼대학
4차	2000	3,500	800	휘튼대학
5차	2004	4,000	900	휘튼대학
6차	2008	5,100	1,105	휘튼대학
7차	2012	3,000	700	휘튼대학
8차	2016	4,500	971	아주사퍼시픽 신학대학
9차	2020 예정			

풀러신학대학원의
의료 선교학 교수로

 내가 캘리포니아주에 있는 풀러신학대학원(Fuller Theological Seminary)의 의료 선교학 교수로 섬기게 된 데는 사연이 많다. 1990년 10월에 우리 교회에서 선교대회를 개최하게 되었는데 장년뿐 아니라 1.5세도 함께 하기로 했다. 그 당시 내가 선교부를 맡고 있었는데 처음으로 청장년이 함께 모이는 선교대회여서 모두에게 도전을 줄 수 있는 강사를 초청하고 싶었다. 1.5세가 함께 모이니까 언어는 영어로 해야 했고 세계에서 인정받는 강사를 모셔 오고 싶었다.
 먼저 풀러신학교의 도널드 맥가브란(Donald McGavran) 교수에게 초청 편지를 보냈다. 많아야 100-200명 정도 모일 텐데 세계적으로 유명한 맥가브란 교수 같은 분을 어떻게 초청하냐고 주위 사람들이 걱정을 했다. 그에게서 몸이 불편해서 올 수 없다는 답장이 왔다. 꼭 올 수 있으리라고는 기대하지 못했지만 서운한 마음이 들었다.

그런데 내가 초청장을 보낸 지 한 달 만에 맥가브란 교수가 세상을 떠났다는 소식을 들었다. 그 교수가 정말로 아팠던 것이다. 괜히 오해를 한 것 같아 송구스러웠다. 나는 다시 풀러신학교의 피터 와그너(Peter Wagner) 교수에게 편지를 보냈는데 스케줄이 차 있어 3년을 기다려야 한다는 답장이 왔다. 또 실망이 되었지만 용기를 내서 내친김에 풀러신학대학 선교대학원장에게 편지를 보내 보았다. 그는 바로 폴 피어슨(Paul Pierson) 교수다. 사실 나는 전혀 모르는 교수였지만 유명한 풀러신학대학의 선교대학원장이 와 준다면 무척 좋을 것 같아 초청한 것이다.

감사하게도 피어슨 교수가 승낙을 해 주었고 그가 주 강사가 되어 1990년 10월 27일과 28일에 선교대회를 순조롭게 잘 치르며 큰 은혜를 받았다. 대회를 위해서 세 그룹의 찬양대가 동원되었는데 우리 교회 찬양대와 인근의 백인 교회 찬양대 그리고 흑인 교회 찬양대였다.

나는 피어슨 교수와 대화하다가 내가 1984년부터 1990년까지 6년 동안 매년 여러 나라에 단기 선교를 다녀온 것과 또 한국의 아세아연합신학대학교에서 의료 선교학을 강의했다는 것을 이야기하게 되었다. 그 말을 들은 그는 내게 풀러에 와서 강의를 해 주면 좋겠다는 부탁을 했다. 그렇게 연이 닿아서 나는 풀러신학대학원에 첫발을 딛게 되었고 그것을 인연으로 풀러신학대학원에서 의료 선교학과 조교수로 계속 강의를 맡게 되었다.

사실 나를 어떻게 신학교 교수로 임명했는지 이해가 잘 되지 않았다. 신학교 교수가 되려면 최소한 박사 학위가 있어야 하지 않겠는가. 그런데 나는 신학 박사 학위가 없다. 나는 그저 방사선과 의사이고 펜실베이니아 의과대학의 조교수일 뿐이다. 그런데도 부족한 나를 교수로 임명해준 풀러신학교의 넓은 도량에 놀라고 감사할 뿐이었다.

풀러의 선교학은 전 세계에서 가장 앞서 있다. 도널드 맥가브란 교수를 비롯해 폴 피어슨, 찰스 크래프트(Charles Kraft), 폴 히버트(Paul Hiebert), 피터 와그너(Peter Wagner), 찰스 반 엥겐(Charles Van Engen) 등 쟁쟁한 교수들이 있었고 특히 인류학 분야에 두각을 나타냈다. 의료 선교학을 가르치는 곳은 전 세계에 단 두 학교밖에 없다. 풀러신학대학원과 한국의 아세아연합신학대학교뿐이다. 사실 나는 신학교에 의료 선교학이 없다는 것이 이해가 잘 되지 않는다. 예수님이 하신 일 가운데 약 25%는 치유 사역이었던 것을 생각하면 신학교에도 선교와 치유학과가 있어야 할 줄로 믿는다.

나는 1992년부터 10년간 풀러신학대학원에서 의료 선교학을 가르쳤는데 늘 마음이 쓰였던 것이 있다. 나는 동부에 살고 있어 서부의 풀러신학대학원까지 자주 갈 수가 없다는 것이었다. 병원에서 휴가를 받아서 1주일 동안 풀러신학대학원에서 의료 선교학 4학점 과목을 가르치려니 하루에 8시간씩 쉬지 않고 강의를 해야만 했다. 한국의 아세아연합신학대학교 때 했던 것처럼 하루 8시간씩 5일간 계속 서서 가르쳐야 하는 강행군이었다. 짧은 시간에 수업은 잘 마쳤지만, 늘 아쉬운 마음이 들었다. 교수는 학교 근처에 살면서 학생들과 만나고 교제를 갖고 도전을 주는 것이 좋은데 그렇지 못해서 의료 선교학이 발전하기가 어려웠다. 다행히 나의 강의를 듣던 학생 중에 피터 요건(Peter Yorgen)이라는 소아과 의사가 있어서 그에게 내 일을 넘겨줄 수 있었다. 그런데 안타깝게 그도 얼마 지나지 않아 샌프란시스코로 이사하게 되어 상주하는 교수의 자리가 다시 공석이 되었다.

 의료 선교와 전인적인 건강 교육은 선교지 교회의 장년 또는 유년 주일학교 교육에 포함해서 가르치면 좋을 것이다. 선교에 꼭 필요한 의료 선교학을 가르치는 신학교가 앞으로 많이 생겨나기를 진심으로 바란다.

풀러신학대학원 입구에서

25

인천상륙작전의 감격과
한국인의 긍지

    1950년 9월 15일에 맥아더 장군이 지휘하는 연합군이 인천에 상륙했다. 인천상륙작전의 성공률은 5,000대 1이라는 악평을 받고 있었다. 인천은 조수 간만의 차이가 무척 심해서 상륙 작전을 펼치기에 적합하지 못한 곳이었기 때문이다. 그럼에도 불구하고 맥아더 장군은 작전을 감행해 완벽하게 성공했고 세계적으로 가장 유명한 상륙 작전 중 하나가 되었다.

    인천상륙작전이 한창 펼쳐질 당시 나는 14살이었는데 인천 근교 주안에 살고 있었다. 연합군은 인천 상륙에 앞서 인천 앞바다에 있는 월미도를 공격했다. 하루는 집 앞마당에서 하늘을 쳐다보는데 미군 비행기가 하늘을 뒤덮고 있었다. 비행기는 우리 집 주변을 돌아 월미도를 향해 날아가며 네이팜탄을 쏘았는데 그 폭탄이 월미도에 떨어지면서 큰불이 났다. 나는 그것이 두렵기보다 멋있어 보여서 재미있게 구경을 했었다. 철부지 때의 이야기다.

　이틀 후 나는 우리 집에서 멀지 않은 경인 도로에 나가 보았다. 경인 도로는 경성(서울)과 인천을 잇는 큰 도로였다. 수백 대나 되는 미군 트럭이 일렬로 줄지어 서울로 올라가고 있었다. 그때 바다와 육지를 모두 오갈 수 있는 수륙 양용차를 처음 봤다. 너무 신기해서 한동안 입을 벌린 채 다물지를 못했다. 한 치 앞을 알 수 없는 삼엄한 전쟁통이었지만, 위험을 느끼기보다는 막연히 미국이라는 나라에 대한 동경이 생기기 시작했다. 미군들이 지나가면서 내게 초콜릿과 껌과 캔디를 주었다. 그들이 무섭기도 했지만, 맛있는 과자를 던져준 그들이 내 기억에 오래오래 남게 되었다. 그리고 나도 언젠가는 저런 부자 나라에 가 보고 싶다는 생각을 갖게 되었다.

　이제 나는 미국에 와서 산 지 50년이 지났고 30여 년간 단기 선교를 통해 열악한 환경의 선교지를 다녔다. 그럴 때 이따금 경인선을 따라 줄지어 지나가던 트럭과 미군들이 생각난다. 나도 선교지에 가면 옛날 인천상륙작전 때 미군들로부터 받은 감동을 선교지 사람들에게 주고 그들이 더 좋은 미래를 꿈꾸게 해 주면 좋겠다고 생각한다. 물질적인 꿈뿐 아니라 긍정적인 꿈과 신앙의 꿈을 심어 주고 싶다.

　솔직히 말해서 나는 이전까지 내가 한국 사람으로 태어난 것을 자랑스럽게 느끼지 못했었다. 가난하고 어렵게 살던 시절이 있어서 그랬던 것 같다. 하지만 이런 부정적인 생각을 버리고 한국인으로 태어난 것을 자랑스럽게 생각하게 된 큰 기회가 있었다.

1994년 방사선과 강의를 위해서 방글라데시 의과대학을 방문했을 때다. 대학 내의 한 회의실에 방글라데시 방사선학회 회원 전부와 의과대학 의사들까지 합쳐 670명 정도가 모였다. '진단 방사선의 근래 발전'이라는 제목의 강의를 시작하기에 앞서 그곳의 방사선 학회장이 나를 소개하면서 길게 인사말을 할 동안 내 마음속에 나도 모르게 이곳에서 예수님을 증거하고 싶다는 마음이 들었다.

이곳은 국민 100%가 회교도이고 더구나 의과대학의 강의이니 공식 석상에서 그리스도를 전하는 것은 거의 불가능한 일이다. 섣불리 예수님 이야기를 꺼냈다가는 당장 단상에서 쫓겨날지도 모를 일이었다. 하지만 하나님께서 내게 지혜와 용기를 주셨다. 방사선 학회장이 긴 인사말을 할 동안 문득 아이디어가 떠오른 것이다. 그의 인사말이 끝나고 나의 답사 차례가 돌아왔다.

방글라데시 의과대학에서
하나님으로부터 받은 축복을 전하며

"여러분은 내가 누구인지 또 방글라데시에는 왜 왔는지 궁금하실 텐데 강의를 시작하기 전에 내 이야기를 나누어도 괜찮겠습니까?" 여기저기서 승낙의 표시로 고개를 끄덕였다.

"내가 어렸을 적에 한국은 전쟁으로 무수한 사람이 죽고 집이 무너지고 먹을 것이 없어서 참으로 어려운 시절을 보냈습니다. 아마 지금의 이곳 방글라데시보다도 훨씬 더 가난하고 힘든 나날이었다고 여겨집니다. 그때 미군들이 와서 도와주었는데 지금도 그들이 내게 주었던 맛있는 초콜릿과 과자가 기억이 납니다.

또한 선교사들이 한국으로 와서 교회를 세우고 하나님 말씀을 가르쳐 주었는데 교회에서 그들이 가르쳐 주는 재밌는 성경 이야기를 듣고 찬송을 부르면서 나도 이담에 크면 부자 나라 미국에 가서 살았으면 좋겠다는 꿈을 꾸었습니다. 그 꿈이 마침내 실현되어 나는 미국으로 건너와 다시 공부를 마치고 펜실베이니아 의과대학의 조교수가 되었고 아내와 두 딸과 함께 행복하게 지내는 축복을 받게 되었습니다.

미국에 올 때는 그저 잘 사는 것이 꿈이었는데 교회에 나가기 시작하면서 나의 화려한 꿈이 바뀌기 시작했습니다. 이 세상의 향락만으로는 참 만족을 얻을 수 없다는 것과 영혼의 만족은 우리 힘으로 다 이룰 수가 없다는 것이었습니다. 나는 이 세상을 창조하시고 나의 생명을 만드신 예수 그리스도를 마침내 나의 구주로 영접했습니다. 하나님께서는 그 응답으로 나에게 영생과 천국이라는 선물을 주셨습니다.

또 하나님께서는 나의 어린 시절에 미군과 선교사들이 한국을 도와주었던 일을 기억나게 하셨습니다. 마침내 나의 마음속에 '네가 이만큼 살게 되었으니 이제 다른 곳으로 나아가 사랑을 나누고 전하는 것이 옳지 않겠니?'라는 하나님의 음성이 들리는 듯했습니다.

나는 1984년부터 매년 2-3주씩 개인 휴가를 이용해서 인도네시아, 케냐 등 여러 나라에 하나님의 사랑을 전하기 위해 찾아갔습니다. 그리고 마침내 이곳 방글라데시까지 이른 것입니다. 나는 최근 미국에서 개발된 방사선 진단에 관한 다양한 치료 방법들을 여러분에게 소개하려고 합니다. 또한 하나님으로부터 받은 넘치는 사랑을 여러분에게 소개하고 나누어 드리려 합니다."

긴 인사말을 마쳤는데 장내는 아무 반응이 없고 찬물을 끼얹은 듯 조용했다. 나는 이어 준비해 간 슬라이드로 최근의 방사선 진단에 관한 강의를 1시간 15분가량 진행했다.

강의를 모두 마치자 학회장이 다시 일어나 내게 고맙다는 말을 전하며 기회가 허락한다면 내년에 다시 올 수 있겠느냐고 정중하게 물었다. 뜻밖의 말에 나는 순간 가슴이 뭉클해 왔다. 연이어 의과대학 방사선과 주임 교수가 일어나 다시 고맙다는 인사를 하며 내일 다시 와서 방사선과 수련의들에게 강의를 해 줄 수 있겠느냐고 물었다. 나는 다음날 다시 두 시간 남짓 강의를 했고 또다시 그다음 날 와 달라는 부탁을 받고 사흘을 계속 나갔다. 그다음 날에도 다시 부탁을 받았으나 마침 치타공 의과대학에 선약이 되어 있어 더는 강의 요청을 들어주지 못했다.

계속되는 강의 제의에 나의 마음은 어린아이처럼 들뜨고 기뻤다. 하지만 그보다 더 큰 감동으로 새로운 나를 발견할 수 있게 해 준 것은 첫날 강의를 마치고 집에 돌아오는 길에 허버트 코딩톤(Herbert

Codington) 선교사가 내게 건네준 말이었다. 그는 미국인 의료 선교사로 한국의 광주 기독 병원에서 25년간 사역하고 방글라데시에서 10년간 사역한 훌륭한 선교사다. 그는 자신이 알기에는 방글라데시 의과대학에서 예수 그리스도의 이름이 증거되기는 이번이 처음이었다면서 나를 격려해 주는 것이었다.

나는 이 말을 곰곰이 생각해 보았다. 오랜 세월 이곳에서 선교 활동을 펼쳐 온 미국 선교사들이 예수님을 증거하지 못했던 의과대학에서 나는 어떻게 예수님을 증거할 수 있었는가? 그것은 그들보다 내가 더 나아서가 아니라 오히려 부족한 사람이기 때문에 가능했다. 내가 바로 한국 사람이었기 때문이다.

방글라데시 원주민들은 서양 사람들을 경시하고 적대시하는 반면 전쟁에 시달리고 굶주림을 경험한 한국 사람인 나에게는 그들도 연민을 느끼는 듯했다. 함께 상처를 보듬을 수 있는 대상이라고 생각한 것이다. 그래서 한국 사람인 내가 회교도 나라의 정부 의과대학에서 감히 하나님을 증거할 수 있게 되었던 것이다.

나는 그때까지 한국 사람으로 태어난 것을 자랑스럽게 생각하지 못하고 있었다. 그런데 이곳에서 하나님을 증거하면서 비로소 내가 한국 사람으로 태어난 것을 자랑스럽게 생각하고 감사할 수 있게 되었다. 할렐루야!

26

달라스신학교 입학

내가 달라스신학교에 간 것은 순전히 하나님께서 그렇게 인도하신 것이다. 신학교는 내 인생 계획표에는 전혀 없었기 때문이다. 나는 1970년대에 우리 교회의 고인호 목사가 인도하는 구역 성경 공부 모임에서 요한계시록을 공부하면서 은혜를 받고 성경을 더 공부하고 싶어서 필라델피아 성경대학(Philadelphia College of Bible, PCB) 야간부에 등록했다. 후에 내 아내와 그 외의 많은 교인도 이 학교에 다니게 되었다. PCB는 1958년에 설립됐는데 학위가 있는 것은 아니고 2년 만에 'ETTA'라는 성경 교사 자격증을 준다. 많은 PCB 졸업생이 주일학교 교사와 선교사로 섬겼다.

나는 1975년부터 1980년까지 5년간 PCB에 다녔는데 병원에서 온

종일 일을 하고 저녁에 학교에 가니 너무 졸려서 졸음을 쫓아내느라 안절부절못했던 기억이 난다. 강사 중에 목사가 한 사람 있었는데 강의 제목은 잊었지만, 그의 얼굴은 지금도 생생하다. 중년 신사로 언제나 얼굴에 환한 미소를 띠고 마음씨 좋은 산타클로스 같은 인상이었다. 신기하게도 그의 얼굴을 보기만 하면 마음이 차분해지고 평안해졌다. 그도 힘들고 어려운 일들이 있을 텐데 어떻게 그렇게 늘 평안한 모습을 할 수 있을까? 나도 그 강사처럼 항상 온화한 표정을 가질 수 있으면 좋겠다는 생각이 들었다.

스데반 집사는 예수님을 증거하다가 공회에 잡혀 와서 심문을 받게 되고 후에 돌에 맞아 순교했다. 무시무시한 공회의 심문을 받을 때 "사람들이 다 스데반을 주목하여 보니 그 얼굴이 천사의 얼굴과 같더라"(행 6:15)라고 했다. 나도 스데반처럼 어떤 어려움이 닥쳐도 천사의 얼굴과 같은 모습이 되기를 기도한다.

PCB는 그 후 2000년에 대학으로 승격되며 이름이 PBU(Philadelphia Bible University)로 바뀌고 2012년에는 다시 케언대학교(Cairn University)라는 새 이름을 가졌다.

PCB를 졸업하고 몇 년이 지난 후 PCB 캠퍼스 내에 달라스신학교 분교가 세워져서 나는 그 학교에 등록했다. 나는 뉴저지 체리힐에 살았는데 팬실베이니아 랭혼에 있는 PCB 캠퍼스까지 50분 정도 걸렸다. 달라스신학교 필라델피아 분교는 주말에만 강의가 있는데 직장인들을 위한 배려였다. 금요일 저녁에 3시간, 토요일에 4-5시간의 수업이 있었다. 강사로는 매주 달라스 본교에서 이름 있는 교수들이 직접 와서 강의를 했다. 기억나는 교수 중에는 존 한나(John Hannah), 드와이트 펜테코스트(Dwight Pentecost), 스탠리 투쌍(Stanley Toussaint) 그리고 마트 베일리(Mark Bailey) 교수 같은 쟁쟁한 분들이 있다. 이런 귀한 교수들의 강의를 들을 수 있었던 것은 큰 축복이었다.

달라스는 세대주의자들이라고 해서 내가 출석하는 장로교와는 신학이 조금 다른 면이 있다. 그러나 나는 큰 거부감 없이 강의를 들을 수 있었다. 오히려 장로교의 언약주의와 침례교의 세대주의 신학을 다 접할 수 있어서 좋은 경험이라고 생각했다.

우리 집안은 본래 감리교다. 할아버지 집이 서울 수성동에 있었고 할아버지와 할머니가 감리교회인 정동교회에 출석한 것이 1900년 초였으니 일찍 예수를 영접했다. 선친은 현재 서울대학교의 전신인 서울법학전문학교를 졸업했는데 일제 강점기에 법학도의 길은 쉽지가 않았나 보다. 인천 지방으로 낙향하게 되어 나는 어렸을 때 인천에서 성장했다. 나는 인천 내리감리교회에서 유아 세례를 받았다. 어머니는 황해도 해주 출신인데 독실한 가톨릭 집안으로 나의 외가는 모두 가톨릭 신자들이다. 사촌 여동생 수미는 갈멜수녀원의 수녀가 되었지만 어머니는 전씨 집안으로 시집온 후 기독교 감리교인이 되었다.

나는 미국에 와서 초교파인 필라델피아 한인연합교회에 다녔는데 우리 교회가 미국 장로교단에 가입하는 바람에 자동적으로 장로교인이 되었다. 내가 신학 공부를 한 PCB와 달라스신학교는 침례교 계통이다. 그러므로 나는 감리교, 장로교, 침례교 그리고 가톨릭의 영향을 모두 받았다고 보면 된다. 나는 이런 다양한 기회를 접하게 된 것을 축복으로 여긴다. 왜냐하면 감리교회나 침례교회, 장로교회, 그리고 성당 등 어디에 가든지 부담 없이 예배를 드릴 수 있기 때문이다. 또한 가톨릭이나 다른 교파의 기독교인들과도 허심탄회하게 이야기를 나눌 수 있어 감사하다.

달라스신학교 필라델피아 분교는 주말에만 수업이 있기 때문에 졸업하려면 여러 해가 걸린다. 나는 1987년부터 1993년까지 6년 동안 다녔지만 여전히 졸업을 하지 못한 채로 학교를 중단하게 되었다. 그런데 몇 년이 지난 후 달라스 잡지를 보니까 내 이름이 동창생 명단에 있는 것이 아닌가. 나는 학교에 전화를 걸어서 내가 졸업을 못 했으니 졸업생 명단에서 내 이름을 삭제해 달라고 부탁했다. 하지만 학교에서는 내가 6년이나 이수했으니 학위는 없어도 졸업생으로 간주한다는 것이었다. 믿어지지 않았지만 무척 기뻤다. 내가 유명한 달라스신학교 졸업생 명단에 들다니 감격스러운 일이었다.

나는 나에게 많은 배움의 기회를 안겨준 PCB와 달라스신학교를 잊을 수 없다. 내가 이 두 신학교를 다닌 것은 내 일생의 큰 축복이다. 하나님께 그저 감사할 따름이다.

27

독일 파싸우성당의 예배

나는 1971년부터 시작해서 현재까지 2주일마다 내 집에서 구역 성경 공부를 해 오고 있는데 벌써 48년이 되었다. 약 15명의 교인이 함께하는 이 시간이 나는 늘 기다려진다. 내가 구역원들에게 바라는 것은 딱 한 가지뿐이다. 구역 모임에 참석해 주는 것이다. 와서 아무 말을 하지 않아도 괜찮고 아무 일을 하지 않아도 좋다. 졸아도 무방하다. 그저 참석만 해 주면 나는 기쁘다.

하나님도 마찬가지일 것이다. 우리가 하나님 앞에 나아가기만 하면 하나님은 가장 기뻐하실 것이다. 그러나 때로 우리는 하나님이 기뻐하시는 예배보다 자신이 좋아하는 일을 하려고 할 때가 있다.

예전에 어느 한국 학생이 미국에 와서 박사 학위 공부를 하고 있었다. 그는 지도 교수 부부를 자기 집에 초청해서 저녁을 대접하기로 하고 온갖 정성을 들여 상을 멋지게 차렸다. 갈비랑 삼겹살을 굽고 닭고기 요리도 하고 생선도 구웠다. 그런데 지도 교수 부부는 밥과 김치만 먹고 다른 것들은 일체 손도 대지 않는 것이었다. 그 교수 부부는 인도 사람이며 채식가였기 때문이다. 한국 학생 부부는 열심히 정성껏 차렸지만, 그들 생각으로만 메뉴를 정했지 교수가 무엇을 좋아할 것인지는 미처 생각하지 못했던 것이다.

우리도 이런 실수를 범할 때가 종종 있다. 하나님이 가장 기뻐하시는 것은 교회에 나와서 예배드리는 일이다. 그러나 때로 우리는 예배를 소홀히 하고 자기가 좋아하는 다른 사역에 더 관심을 갖는 경우가 있다. 예배가 기쁘고 은혜로울 때도 있지만, 때로 재미없고 지루할 때도 있는 것이 문제다.

나와 아내는 몇 년 전에 라인강을 따라 유럽 여행을 했는데 주일에 찾아간 곳이 독일 남부의 파싸우(Passau)라는 도시의 성당이었다. 그곳에서 예배를 드리는데 라틴어로 성경을 읽고 독일어로 설교를 하니 한 마디도 알아들을 수가 없었다. 답답하고 지루한 중에 불현듯 마음에 큰 감동이 밀려왔다.

독일 사람들은 1500년경 마틴 루터가 성경을 독일어로 번역하기 전에는 독일어 성경이 없었다. 예배를 라틴어로 드렸으니 내용을 알아들을 수 없었을 것이다. 얼마나 지루하고 답답했을까? 그런데도 독일 교인들은 어떻게 1천 년이 넘도록 매주 예배를 드리고 교회를 지켰을까? 그런 생각을 하니 단 몇 분간의 예배를 알아듣지 못해 답답한 마음이 들었던 내가 내심 부끄러웠다.

나를 비롯해 한국 사람들은 무슨 일을 할 때 열심히 잘하지만, 인내심이 부족한 경향이 있다. 상점에서 물건을 산 후에 계산대 앞에서 기다리는 것을 힘들어하고 식당에서 음식이 빨리 나오지 않으면 재촉하곤 한다. 또 음식이 나오면 몇 분 안에 빨리 먹는다. 예배드릴 때도 설교가 조금 길어지면 몸을 꼬고 불편해한다. 예전에는 설교를 1시간이 넘도록 길게 지속하기도 했다. 수년 전 모스크바에 가서 예배를 드린 적이 있는데 자리가 없어 선 채로 거의 3시간 동안 주일 예배를 드린 일이 있었다.

파싸우성당에서 라틴어와 독일어로 진행되는 예배를 드리며 나는 반성했다. 이제 집에 돌아가면 예배가 너무 길다든지 지루하다든지 설교가 재미없다든지 하는 생각은 지워 버리기로 했다. 알아듣지도 못하는 라틴어로 예배를 드리면서 천 년 이상 교회를 지켰던 독일 교인들을 지금도 종종 생각해 본다.

파싸우성당

파싸우성당에서 예배를 마친 아내 전영애

MEDICAL MISSION

28

제10장로교회와
보이스 목사

필라델피아 시내의 번화가인 17가와 스프루스 스트리트(Spruce Street)에 유서 깊은 제10장로교회가 있다. 1829년에 창립됐으니 올해로 190년이 되는 오랜 전통을 가진 역사적인 교회다. 이 교회는 우리 교회의 모델 교회이며 작고한 제임스 보이스(James Boice) 목사는 우리의 멘토였다.

우리 필라델피아 한인연합교회는 미국 장로교 UP(United Presbytery, 현재 PC USA)에 속해 있었다. 우리는 UP 교단이 자유주의 경향으로 변질하고 있다고 생각해서 탈퇴한 후 다른 교단으로 옮기려고 했다. 그런데 어느 교단에 들어가는 것이 좋을지 몰라 보이스 목사를 찾아가서 자문을 구하기로 했다. 자초지종을 설명했더니 보이스 목사도 같은 이유로 UP를 탈퇴하고 비교적 새로 생긴 PCA(Presbyterian Church in America) 교단으로 가려고 생각하고 있다고 했다. 우리는 그 자리에서 PCA로 가기로 결정했다. 보이스 목사를 그만큼 전적으로 신뢰하고 있었기 때문이었다. 영적으로 신뢰할 수 있는 멘토가 있다는 것은 크나큰 축복이다.

보이스 목사는 프린스턴 신학대학원과 스위스의 바젤대학교에서 신학 박사 학위를 받았으며 유명한 성경 주석 『The Expositor's Bible Commentary』의 신약 편집자로 잘 알려져 있다. 또한 신학적인 면은 물론 은혜로운 목회자로서 신학과 목회 그리고 지성과 영성을 두루 잘 갖춘 훌륭한 목사다.

보이스 목사는 몇 차례 우리 교회를 방문해 주일 설교 말씀을 들려주었다. 내가 그의 통역을 맡았는데 보이스 목사의 통역은 다른 목사들에 비해 아주 수월했다. 그는 말을 장황하거나 복잡하게 하지 않고 단순하게 메시지를 전했기 때문이다. 그때로부터 40여 년의 세월이 흘렀지만, 보이스 목사의 설교 중 첫 번째 통역을 맡았던 설교의 제목이 아직도 또렷하게 기억난다. 그것은 'Surrender'(순종)이었다. 그의 나긋나긋한 목소리도 기억난다. 나의 큰딸 린다가 펜실베이니아대학에 다니는 동안 제10장로교회에 출석했는데 대학 1학년 때부터 4학년 때까지 보이스 목사가 4년 동안 창세기 설교를 했다고 한다.

제10장로교회는 여러 가지 특징이 있는데 그중 하나는 담임목사가 오랫동안 교회를 섬긴다는 것이다. 제10장로교회의 역대 담임목사 사역 기간이 평균 30년이 넘으니 실로 드문 일이라고 생각된다. 보이스

목사까지 역대 목사들의 사역을 보면 다음과 같다.

Henry Augustus Boardman, 1833 - 1876   43년 시무
William Pratt Breed, 1856 - 1889   33년 시무
Marcus A. Brownson, 1897 - 1924   27년 시무
Donald Grey Barnhouse, 1927 - 1960   33년 시무
James Montgomery Boice, 1968 - 2000   32년 시무

이 교회의 또 다른 특징은 교회에 주차장이 전혀 없다는 사실이다. 교회가 시내 한복판에 자리하고 있어서 무려 1,600여 명의 교인이 주일에 주차하는 것이 정말 어렵다. 교회에서 시의 허가를 받아 주일에 주차가 가능한 지역의 허가증을 주기는 하지만, 그래도 1,000명이 넘는 교인이 주차하고 교회에 출석하는 일은 결코 쉽지 않다. 교회 재정이 풍부하기 때문에 교외의 넓은 곳으로 이사를 하면 문제가 없겠지만 떠나지 않고 있는 이유가 있다. 시내에 사는 가난한 사람들에게 복음을 전해야 한다는 사명감 때문이다.

또 다른 특징은 주일학교를 위한 놀이터나 다른 오락 시설이 없다는 것이다. 아무 시설도 없는데 주일학교가 잘 운영되고 있는 것도 신기하다. 오락보다는 하나님 말씀과 성경 공부에 중점을 두기 때문인 것 같다. 주일 예배는 온 가족이 대예배실에서 자녀와 함께 예배를 드린다. 자녀들은 부모와 함께 짧은 예배를 드리고 주일학교로 간다. 온 가족이 함께 하나님을 믿는 것이 중요하다는 생각을 배우게 하려는

것이다.

　제10장로교회에서 32년 동안 목회를 했던 보이스 목사는 62세의 젊은 나이에 간암으로 천국에 갔지만 하나님 말씀에 순종하며 살았던 그의 깨끗하고 모범적인 삶은 잊히지 않는다.

반백 년간 함께한
필라델피아 한인연합교회

필라델피아 한인연합교회(1981–현재)

필라델피아 한인연합교회는 1968년 9월에 창립되었는데 나는 그 당시 약 80명의 창립 멤버 중 한 사람이었다. 초대 담임목사는 구영환 목사였고, 2대 고인호, 3대 림택권, 4대 김승욱, 5대 김재성, 6대 조진모 목사가 담임을 이었다.

2대 고인호 목사가 구역 성경 공부를 시작했는데 요한계시록이 교재로 정해졌다. 요한계시록은 너무 어려운 책이라서 나중에 하자는 의견들이 많았지만 고 목사는 요한계시록 공부를 강행했고 성도들은 모두 큰 은혜를 받아 신앙이 급속히 성장할 수 있었다. 교회 밖에서도 좋은 프로그램들이 있었는데 빌 고다드(Bill Gothard) 목사의 'Basic Youth Conflict Seminar'(청소년 갈등 세미나)에서 기독교인의 실제적인 삶에 관한 많은 것을 배웠다. 그리고 내비게이터(Navigators)에서 주관하는 '2:7 시리즈'를 통해 믿음이 성장했다. 수십 명의 성도가 필라델피아 성경대학(Philadelphia College of Bible) 야간부에 다니면서 성경 공부를 했다.

3대 림택권 목사는 원활한 인간관계를 가르쳐 주며 몸소 실천했다. 웨스트민스터 신학생들을 초청해서 식사를 함께하며 우리 교우들과 만남의 시간을 만들어 주었다. 우리 교회에서 부교역자로 사역하다가 한국의 신학교 교수로 초빙받은 사람만 해도 권성수, 김정우, 박응규, 김추성, 한상화, 심상법, 방연상 그리고 오창록 교수가 있다. 림 목사는 성도들의 이름을 잘 기억하는 탁월한 재능을 가졌는데 성도뿐 아니라 그들의 자녀 이름도 거의 다 외우고 있었다. 이름을 외우는데 천부적인 재능이 있었는지 노력을 많이 했는지는 알 수 없지만 무척 인상적이었다.

4대 김승욱 목사의 취임은 필라델피아에서 큰 뉴스거리였다. 당시 우리 교회 출석수는 1,000명이 조금 넘었는데 필라델피아에서는 가장 크고 오래된 교회였다. 김승욱 목사가 취임했을 때 그의 나이 35세였다. 파격적으로 젊은 담임목사를 청빙한 것이다. 미국 제10장로교회의 필 라이켄 목사는 격려사를 통해 "새 시대를 대비해 새 세대의 젊은 목회자를 초빙하는 교회의 선택에 경의를 표한다."고 말하기도 했다. 김 목사는 가까운 곳에 있는 목회자 주차장에 주차하지 않고 제일 먼 곳에 주차하고 걸어 다녔다. 김 목사가 시도한 것 중의 하나는 은사 사역인데 전 교인이 교회 봉사에 참여할 수 있도록 체계를 만들었다. 우리 교회 50년 역사 중 이 시기에 평신도 사역이 가장 활발했다. 이때 교회 출석 인원이 약 1,500명쯤 되었다.

우리 교회가 특별히 활발했던 파트는 찬양과 선교와 주일학교였다. 찬양대는 템플대학의 성악 교수 조영호 장로가 1978년부터 찬양대 지휘를 맡으면서 급속히 활발해졌다. 그리고 필라델피아에 있는 많은 음악 전공자가 우리 교회에서 활동하게 되었다. 어디에 내놓아도 손색없는 훌륭한 찬양대로 성장한 것이다.

단기 선교는 내가 1985년 세계의료선교회를 통해 케냐에 처음 다녀오면서 태동되었다. 그 이듬해인 1986년에 외과 의사 염극용과 소아과 의사 이관우 장로가 케냐에 2주간 다녀온 것이 우리 교회 장년 단기 선교의 시작이다. 이민 교회로서는 단기 선교의 선구자가 되었다. 2000년대에는 교회의 선교 예산이 총예산의 25%로 향했다. 그레이스 조(Grace Cho), 글로리아 리(Gloria Lee), 마이클 오(Michael Oh), 지니 리(Jeannie Lee) 등이 선교사가 되었다.

주일학교는 김영훈 장로가 맡으면서 활발해졌는데 대부분의 교사는 미국 사람이었다. 그때만 해도 한인 2세 전도사들이 귀했었는데 무엇보다도 신앙 교육은 모국어로 해야 한다고 믿었기 때문이다. 우리 자녀의 모국어는 영어이고 한국 사람과는 다른 문화에 살기에 미국인 전도사를 쓴 것이다. 짐 세리오(Jim Serio), 킨 원랜드(Ken Wendland), 크레이그 히긴스(Craig Higgins) 등 전도사들의 영향으로 자녀들의 신앙이 아주 잘 성장했다.

필라델피아 한인연합교회는 지난 50년 동안 몇 차례 어려운 고비도 있었지만, 잘 극복하고 견뎌왔다. 앞으로도 어떤 어려움이 닥칠지 아무도 모르지만 주님은 우리 교회를 사랑하신다는 것을 믿는다. 우리 교회는 믿음 위에서 굳건히 서 있을 것이다. 내가 교회에서 가까운 곳에 살며 교회와 동고동락한 세월이 어느새 반백 년이 되었다. 내 인생의 울타리였으며 든든한 버팀목이 되어준 나의 교회와 교우들을 선물로 주신 하나님께 감사드린다.

한국에 교수로 가신 부교역자들

1차 견신반(1982)

메시아 공연, 조영호 지휘(1986)

케냐 마사이 단기 선교(1986)

Cathy Chang 장봉현

Rich Cho 조도식 Peter Cho 조진모

Raymond Choi 최종무

천경우 천병량

Daniel and Esther 전성수

Jin Chung 정연기 Jessica Hong 홍갑선

Paul Kang 강성중

Paul Kim 김종덕

Grace Kim 조정수

Dan Kim 김치수

John Kim 김상조

Mia 김익진

Abe Kim 김윤환

Jeannie Lee 이관우

Eunkyung Lim 임병윤

Gloria Lee 이성배

Jane Lee 이일연

Ji Lim 임병천

lichael and Tina Oh 오성규

Jim Om 엄홍섭

Alex Paik 백기림

KUC에서 성장한 목사, 전도사 및 사역자

181

KUC 파송 선교사
마이클 오(Michael Oh),
데이비드 할릿(David Hallet)
그리고 지니 리(Jeannie Lee)

30

향채와 만나

향채(香菜)는 향기가 나는 풀의 이름이다. 중국어로 '샹차이'라고 하며 한국어로는 '고수'라고 한다. 영어로는 '실란트로'(Cilantro) 또는 '코리앤더'(Coriander)라고 부른다. 냄새가 독특해서 '빈대 풀'이라는 별명도 가지고 있다.

실란트로와 코리앤더는 같은 풀인데 미국이나 남미에서는 실란트로라고 부르고 인도나 동양에서는 코리앤더라고 부른다. 많은 경우에 혼용하고 있다. 때로 잎을 말할 때는 실란트로라고 하며 잎이 지고 씨가 되면 코리앤더라고 부르기도 한다. 놀라운 것은 성경에도 코리앤더가 나오는데 '깟'이라고 적혀 있다(출 16:31).

향채

향채는 노린내가 심해서 싫어하는 사람들이 많다. 나도 향채를 무척이나 싫어했는데 역겨운 냄새가 나는 것이 도무지 비위에 거슬려서 먹을 수가 없었다. 그래서 월남 국수도 향채 냄새 때문에 먹지 않았다. 한번은 애리조나의 고급 스테이크 식당에 가서 제일 비싼 티본 스테이크를 시켰는데 그 스테이크 위에 초록색 향채가 잔뜩 뿌려져서 나왔다. 결국 특이한 냄새 때문에 먹지 못하고 비싼 요금만 내고 나온 후 호텔에 돌아오는 길에 맥도날드에 들러서 햄버거를 다시 사 먹었던 기억이 난다.

나는 주로 더운 지방으로 단기 선교를 다녔는데 가는 곳마다 음식에 향채가 섞여 나와 적지 않은 어려움을 겪었다. 마치 국이나 나물 등 우리나라 거의 모든 음식에 파를 넣는 것처럼 선교지에서 접한 수많은 음식에 향채가 들어 있는 것이었다.

중국 남단 월남에 인접한 곳에 곤명이라는 도시가 있다. 이곳에 열흘 동안 선교사들에게 건강 강의를 하러 가게 되었다. 식사 시간에는 15명의 인원이 함께 식당에 가서 한 사람이 한 접시씩 음식을 시켜서 나누어 먹었다. 각각 다른 요리를 시키니까 한 끼에 15접시의 요리를 맛보게 되었다. 점심과 저녁을 합치면 하루에 30가지의 요리였다. 그런데 한 번도 같은 요리가 나오지 않았다. 열흘을 지냈으니 무려 300

가지 요리를 먹은 것이다. 중국 요리의 메뉴가 셀 수 없을 정도로 다양하다는 말은 들었지만 직접 겪으니 더욱 놀라울 지경이었다. 그런데 문제는 모든 요리에 향채가 들어 있다는 것이다.

나는 성경을 읽다가 코리앤더가 적혀 있는 것을 보고 깜짝 놀랐다. 이스라엘 사람들이 애굽을 떠나 홍해를 건너서 광야에 왔을 때 하나님께서 하늘로부터 매일 만나를 내려 주셨다. 만나는 "깟씨 같이 희고 맛은 꿀 섞은 과자 같았더라"(It was white like 'coriander' seed and tasted like wafers made with honey, 출 16:31)라고 성경에 기록되어 있다. 한글 성경에 번역된 '깟'이 영어 성경에는 코리앤더다.

이 구절을 읽은 후부터 나는 아무리 입맛에 맞지 않아도 성경에 기록된 향채를 먹어 봐야겠다고 마음먹게 되었다. 그래서 처음에는 향채를 고깃국물에 푹 삶아서 먹기 시작했다. 냄새가 한결 엷어져서 그런대로 먹을 수 있었다. 이렇게 계속 노력했더니 이제는 그렇게도 싫어하던 향채를 마침내 먹을 수 있게 되었다. 이제는 월남 국수를 먹을 때 향채를 꼭 뿌려 먹어야 할 정도다.

미국 선교사들이 한국에 와서 어떻게 된장찌개를 먹었을까 생각해 보았다. 그 특유의 냄새 때문에 무척 힘들었을 것이다. 하지만 복음 전파를 위해서 싫은 것도 참고 먹기 위해 노력했을 것이다. 식성을 바꾸기는 쉽지 않은 일이다. 그러나 나는 성경에서 깟(코리앤더)을 찾아낸 후 먹기 힘든 코리앤더를 노력해서 먹었다.

예수님을 전하기 위해서는 원하는 일뿐 아니라 하기 싫은 일들도 기꺼이 해야 한다. 내가 노력 끝에 향채를 극복한 것처럼 꾸준히 노력하다 보면 싫었던 일도 가능해지지 않을까 생각한다.

필라델피아 마스터 합창단과
이창호 지휘자

 필라델피아에 'Philadelphia Master Chorale'(필라델피아 마스터 합창단)이라는 합창단이 있다. 2010년 2월에 창단되었으니 어느덧 9년이 되었다. 긴 역사는 아니지만, 차츰 무르익어 가고 있는 합창단이다. 단원은 총 57명이고 이창호 지휘자가 음악 감독으로 지휘를 맡고 있다. 이주영 부지휘자와 윤시내, 김현주 두 반주자가 있다. 이 합창단은 주로 성가를 노래하지만 신진 한국 작곡가들의 다양한 곡들도 노래한다.
 내가 이 합창단에 가입한 것은 지휘자 이창호 덕택이다. 2010년에 아내의 권유로 음악회에 갔는데 이창호 지휘자가 음악회의 처음부터 끝까지 악보 없이 지휘하는 것을 보고 감탄했다. 천재적인 재능이 있거나 무척 열심히 준비했거나 아니면 두 가지 다일 거라고 생각하면서 참으로 귀한 지휘자라고 생각했다. 그래서 그 훌륭한 지휘자가 인도하는 합창단에서 나도 함께 노래해 보고 싶어 마침내 회원으로 가입했다. 단원이 되려면 심사를 거쳐야 하는데 나는 이전에 내 노래가 담긴 CD들이 있어서 심사에 도움이 되었다. 합창단에 들어가 보니 단원들이 모두 음악을 무척이나 사랑하는 사람들이었다. 매주 월요일마다 정성을 들여 연습하는 것을 보면서 마음에 큰 감동이 되었다.

합창단원들은 거의 다 예수를 믿는 사람들이다. 가톨릭교회와 개신교 교회의 기독교인들이다. 그러나 성가만을 연주하지는 않는다. 매년 두 차례의 음악회를 갖는데 같은 곡을 되풀이하지 않고 도전을 주는 새로운 곡들을 연주했다. 2년마다 헨델의 '메시아' 전곡을 연주하고 있으며 그 외에 포레의 '진혼곡', '십자가상의 칠언', 베토벤의 '합창 교향곡', 안익태의 '한국 환상곡', 우효원의 '아! 대한민국' 등을 연주했다.

이 합창단은 한국 교민들을 위한 음악회뿐 아니라 미국 합창단과의 협연을 통해서 한미간의 교류를 돈독히 하고 있다. 필라델피아에 있는 교도소와 불우한 사람들을 위한 'Philadelphia Brotherhood Rescue Mission'(필라델피아 브라더후드 구조전도단)과 사회 복지재단에 가서 위문 연주를 하기도 했다. 그리고 필리스 야구단의 초청으로 야구장에 가서 미국 국가를 불렀으며 'Mendelssohn club'(멘델스존 클럽)과 'Bucks County Choral Society'(벅스 카운티 합창단)과의 협연 등을 가졌다. 2019년 4월에는 3.1 운동 100주년을 기념하는 평화 음악회를 열었다.

필라델피아 마스터 합창단이 이곳에 있는 것이 참으로 자랑스럽다. 한국 이민자들은 야구나 축구 시합 등 운동 경기에 가는 일이 흔하지 않다. 음악회나 미술관에 가는 일도 드물기 때문에 정서적으로 메마른 삶을 살고 있지는 않은지 염려가 된다. 우리에게는 삶을 부드럽게 해 주는 프로그램이 필요하다. 이런 뜻에서 필라델피아 마스터 합창단은 좋은 역할을 하고 있다고 생각한다. 합창단을 유지하고 음악회를 개최하는 데는 단원들의 열심이 가장 중요하지만, 물질적인 도움도 꼭 있어야 한다. 그런데 아무 예산도 없이 열심 하나로 시작한 이 합창단이 9년이나 계속되는 것은 기적이다. 아무 사례도 받지 않고 이 합창단을 이끌어 가는 이창호 지휘자 부부에게 존경과 사랑을 보낸다. 또한 이 합창단을 위해서 열심히 애쓰는 모든 단원에게 경의와 감사를 드린다. 함께할 수 있어 행복하다고 고백하고 싶다. 하나님께서 앞으로도 계속 채워 주실 것을 믿는다.

헨델의 메시아 공연

단원들과 함께

이창호 지휘자

필리스 야구단 초청 미국 국가 합창

단원들의 크리스마스 캐롤 연주

부활절 음악회

광복 70주년 기념 평화 음악회

32

나는 루트 비어를 마시지 않는다

내가 미국에 처음 온 것은 1961년 7월이었다. 수도 육군병원에서 방사선과 레지던트를 시작했는데 곧 콜로라도주 덴버에 있는 피츠시몬스 종합병원(Fitzsimons General Hospital)에서 1년간 연수를 받게 되었다. 육군 장교 예복을 입고 중위 계급장을 달고 군용기로 샌프란시스코에 착륙했다. 처음 타보는 비행에 지치기도 했고 날씨가 어찌나 푹푹 찌는지 시원한 맥주 생각이 절로 간절해졌다. 미국에 연수차 온 장교 두 명과 함께 공군 공항 내의 상점(Commissary)에 갔다.

그런데 몇 번을 둘러봐도 맥주를 찾을 수 없어 기진맥진해 있던 찰나 한구석에 진열해 놓은 루트 비어(Root Beer)를 발견했다. 나는 루트 비어(생강과 다른 식물 뿌리로 만든 탄산음료)가 무엇인지 전혀 몰랐다. 'Beer'

글자만 보고 반가워서 12캔 한 묶음을 샀다. 또 먹음직스러운 닭 다리가 있기에 닭구이 3상자도 샀다.

장교 숙소 BOQ(Bachelor Officers Quarter)로 돌아온 우리 일행은 각자 멋진 갈색 맥주 캔을 열고 힘차게 "건배!"를 외친 후 시원하게 루트 비어를 들이켰다. 그런데 아, 이게 웬일인가! 무슨 맥주라는 것이 이상야릇한 냄새가 날 뿐 아니라 달기만 했다. 이름은 분명 맥주인데 혀 끝에 닿는 맛에서 알코올 기색을 조금도 느낄 수가 없었다. 한국 맥주와는 전혀 다른 맛이었다. 상했다고 생각하고 두 번째 캔을 따서 다시 건배했다. 첫 번째 것과 똑같은 맛이어서 도저히 더 마실 수가 없었다. 그래도 혹시나 하고 세 번째 캔까지 열어 보고는 모두 쏟아 버리고 말았다.

그래서 할 수 없이 닭고기나 먹자 하고 상자를 열었더니 닭고기가 돌덩이처럼 꽝꽝 얼어 있는 것이 아닌가. 냉동 닭고기인 줄도 모르고 산 것이다. 그래서 닭고기도 모두 버리고 말았다. 이것이 내가 미국에 도착해서 미국식 음식을 열렬하게 먹어보고 싶었던 그 첫날 저녁에 벌어진 일들이다. 나는 그 후로 미국 맥주에 대한 동경을 허무하게 앗아간 루트 비어를 마시지 않게 되었다.

우리는 다른 사람들의 문화와 풍습을 알고 이해해야 한다. 더구나 선교지에 가면 그곳의 풍습을 배울 뿐 아니라 이해하고 받아들일 줄 알아야 한다. 그러나 다른 문화를 받아들이거나 따르는 일은 다양하고 복잡해서 한마디로 정의하기가 쉽지 않다.

중국 내지선교회의 창설자인 허드슨 테일러(1832-1905)는 갖은 역경에도 불구하고 중국에서 훌륭하게 선교 사역을 펼친 선교사다. 그는 중국 옷을 입고 중국식 머리 스타일을 했다고 한다. 그와는 달리 한국에 왔던 언더우드 선교사(1859-1916)는 서양식 신사복을 입고 잘 지어진 기와집에 살았다. 허드슨 테일러와는 전혀 다른 방식이었다. 어느 방법이 더 바람직하냐고 물으면 답변하기가 쉽지 않다. 두 사람 모두 선교 사역을 훌륭하게 해냈기 때문이다.

아프리카 케냐의 마사이 촌을 방문했을 때다. 쇠똥과 진흙을 섞어서 지붕과 벽을 덕지덕지 발라 놓은 쇠똥집에 방문했는데 마침 집주인인 다꾸가 주전자에 있는 차를 대접하겠다고 했다. 함께 방문한 선교사에게 지금 저 주전자에서 끓고 있는 것이 무엇이냐고 살며시 물어봤더니 우유에 소의 피를 섞은 것이라고 했다. 집주인의 성의에 보답하기 위해 숨을 잠시 멈춘 채 단숨에 꿀꺽 삼켜 버렸는데 구토가 날 듯 어지러웠다. 현지인들이 먹는다고 해서 나도 꼭 먹어야 하는지, 먹지 않고도 선교를 잘할 방법은 없는지에 대해 진지하게 고민하게 되었다.

문화 적응보다 더욱 중요한 것은 희생과 사랑이다. 한국에 와서 선교하던 여의사 로제타(Rosetta Sherwood Hall, 1865-1951)가 있다. 로제타 여의사는 손에 화상을 입어 손가락 세 개가 손바닥에 붙어 버린 한국 소녀 환자를 보게 되었다. 피부 이식을 해야 치료할 수 있는데 아무도 피부를 떼어 줄 사람이 없었다. 그래서 로제타는 자기 살을 떼어 이식했고 그 소녀의 손을 치료해 주었다.

로제타가 한국식 음식을 잘 먹었는지 그렇지 못했는지, 또는 한국 문화에 적응을 잘했는지 못했는지는 잘 모른다. 그러나 로제타에게는 이런 문화의 장벽은 문제가 되지도 않았을 것이다. 한국 고유의 음식을 잘 먹지 못했더라도 자기 살을 떼어준 로제타의 희생과 사랑은 문화의 장벽을 뛰어넘어 사람들에게 잊지 못할 감동을 주고 복음을 전하는 데 큰 역할을 했으리라 믿는다. 문화보다 중요한 것은 희생과 사랑이다.

찬양 사역과 나의 스승, 바리톤 최현수

나는 1984년 1월에 첫 단기 선교를 떠났다. 인도네시아의 보르네오 섬이었다. 화요일에 베데스다병원에 도착했는데 병원 원목으로부터 다음날인 수요일 저녁 예배에서 말씀을 전해 달라는 부탁을 받았다. 나는 선교지로 떠나면서 '내 구주 예수를 더욱 사랑'을 주제곡으로 삼고 매일 부르면서 다녔었다. 나는 말씀 부탁을 받은 후 병원 목사에게 그 찬송을 인도네시아 언어로 써 달라고 해서 수요일 온종일 그 가사를 외웠다. 마침내 저녁 예배 시간이 되었다. 나는 어제 이곳에 도착했는데 먼저 찬송 하나를 부르고 싶다고 말하면서 인도네시아 언어로 찬양을 부르기 시작했다.

탐발라 까시무 아깐 투한

둥갈라 도아양 꾸뻰따깐

이닐라 도아꾸 탐발라 까기꾸

탐바까시 빠다 뚜한

사람들은 모두 놀라는 표정이 역력했다. 하루 전에 그곳에 도착한 사람이 어떻게 자기 나라 언어로 찬양을 외워서 부르나 하는 눈치였다. 성령이 사람들의 마음을 뜨겁게 해 주시는 것 같았다. 이럴 때는 목소리가 얼마나 좋은지, 음악적인 기교가 얼마나 좋은지 등은 전혀 문제가 되지 않는다.

찬양은 좋은 목소리를 과시하는 것이 목적이 아니다. 사람들의 마음에 감동을 주고 은혜를 받게 도와주는 것이 목적이다. 어떤 사람은 감미로운 미성을 가졌는데 찬양을 부르면 그다지 감동을 주지 못하는 사람이 있다. 반면에 어떤 사람은 목소리는 평범한데 은혜롭게 찬양을 불러 큰 감동을 줄 때가 있다. 자신이 갖고 있는 목소리는 하루아침에 쉽게 변하지 않는다. 하지만 찬양하는 마음과 태도를 바꾸면 얼마든지 은혜롭게 찬양을 부를 수 있다.

보르네오 베데스다 선교병원

가장 중요한 것은 가사다. 무슨 찬양을 하든지 그 가사가 확실히 전달되어야 한다. 가사뿐 아니라 부르는 사람의 감정이 가사 가운데 묻어나면 더욱 좋다. 모두 외워서 부르면 금상첨화겠지만, 혹 다 외우지 못할지라도 가능한 악보에서 눈을 떼고 청중을 바라보며 부르는 것이 좋다. 가사와 가사에 담겨 있는 뜻이 잘 전달되면 이미 좋은 찬양이 되는 것이다.

사실 나는 나이 40세가 될 때까지 사람들 앞에서 독창을 해 본 경험이 없었다. 노래 부르는 데 자신이 없었기 때문이다. 내 나이 40세 되던 해에 친구 김영훈이 생일 선물로 준 『Never too late』라는 책을 읽고 도전을 받아 처음 노래 공부를 시작했다. 나는 소프라노 낸시 바필드(Nancy Barfield)와 페기 바루디(Peggy Baroody)에게 레슨을 받았다. 고도의 성악 기술과 아름다운 노래를 만드는 비법은 모두 바리톤 최현수 교수에게 배웠다.

최현수 교수는 내 목소리의 결점을 고쳐주기 위해 이런저런 방법을 시도해 보며 고심했다. 그의 진지한 열정 덕분에 나는 부족한 가운데 자신감을 가지고 노래를 부를 수 있게 되었다. 그렇게 성악을 공부한 것이 선교지에서 참으로 유용하게 쓰였다.

내가 67세 되던 2002년에는 병원 은퇴를 기념하면서 필라델피아 시내에 있는 킴멜 센터에서 독창회를 했다. 또 팔순이 되어 우리 교회에서 다시 독창회를 가졌다. 두 차례의 독창회 때 매번 나의 성악 스승인 최현수 교수가 멀리 한국에서부터 찾아와 협연해 주었다. 또한 최 교수는 내가 그의 제자라고 말해도 좋다고 허락해 주었다. 그는 나의 진정한 스승이다.

선교지에서든 음악회에서든 나는 찬양을 부르는 것이 무척 행복하다. 나의 인생의 모토인 '노래에 살고 사랑에 사는 삶'을 이 세상 떠날 때까지 계속하고 싶다. 주님을 찬양하는 순간들이 모두 잊히지 않는 아름다운 추억으로 나의 마음 사진첩에 차곡차곡 쌓이고 있다.

은퇴 기념 독창회, 최현수 교수와 함께
(필라델피아 킴멜 센터, 2002)

팔순 맞이 독창회
(필라델피아 한인연합교회, 2015)

34

나의 여왕, 전영애

 내 아내 전영애(Debbie)를 처음 만난 것은 1958년, 내가 서울대학교 의과대학 본과 2학년에 다닐 때였다. 그때 영애는 이화여자대학교 국문과 2학년의 앳된 학생이었다. 내 나이 22살에 만나서 6년을 연애하고 1964년에 결혼해서 지금까지 살았으니 우리가 만난 지도 60년이 되었다. 한 번도 한눈팔지 않고 오로지 아내 영애만을 사랑하며 살아온 지난 세월이 감사하다.

 나는 1960년에 의과대학을 졸업하자마자 육군 군의관이 되어 최일선에 배치되었다. 양구 지역의 DMZ(완충지대) 내에 펀치볼이라고 불리는 산골에서 6개월을 지내게 되었다. 열렬히 연애하던 시절이라 애인 영애가 보고 싶은데 서울에 사는 애인을 보려면 서울에 있는 국군수도병원에 레지던트로 가는 것이 최선이었다. 나는 레지던트 제1지망에 외과, 제2지망에 방사선과를 적어 넣었다. 외과가 안 될 경우를 생각해서 시시하고 인기도 없어서 별로 지망생이 없을 만한 방사선과를 지망한 것이다.

그 결과, 외과에는 낙방하고 방사선과 레지던트를 시작하게 되었다. 참으로 시시한 동기로 방사선과를 시작했는데 세월이 지나고 지금 회상해 보면 내가 방사선과를 택하게 된 것은 하나님께서 그렇게 인도하셨기 때문이라고 확신한다. 방사선과를 택한 덕분에 시간적인 여유가 있어서 성경 공부를 열심히 할 수 있었고 단기 선교도 갈 수

대학 시절

연애 시절

신혼 시절

중년 시절

2018년

있었기 때문이다. 그뿐 아니라 신학 대학에도 다니며 심지어 책도 쓸 수 있었다. 나는 한 번도 방사선과를 택한 것을 후회하지 않고 만족했다. 아내 역시 내가 인기 있는 외과나 내과 의사가 되지 않고 방사선과 의사가 된 것을 기꺼이 받아들이며 전혀 개의치 않았다.

나는 1967년에 미국으로 와서 뉴저지 플레인필드(Plainfield) 병원에서 다시 인턴을 마치고 한국에서 하던 방사선과를 레지던트부터 다시 시작하게 되었다. 그 당시 방사선과 레지던트의 문은 활짝 열려 있었다. 시골에 있는 병원에서는 집도 주고 연봉도 높았다. 그때 플레인필드 병원 병리과장 현봉학 선생이 연봉이 적더라도 펜실베이니아 의과대학에 가서 레지던트를 하는 것이 좋겠다고 조언해 주었다. 아내에게 말했더니 아내 역시 수입이 적더라도 펜실베이니아 대학병원에 가는 것이 좋겠다고 해서 그곳으로 옮기게 되었다. 1년에 4천 달러 연봉이었다. 그것으로 아파트값을 내고 일 년을 지내야 했다. 50년 전의 이야기지만, 미국에서 1년에 4천 달러로 살기는 몹시 힘들었다. 우유가 다 떨어져서 아이들이 울 때면 아비로서 가슴이 매우 아팠다. 그런 어려운 시절을 잘 견디어 준 아내가 참 고맙다. 그런데 그때 고생했던 것이 일생에 큰 힘이 되었다. 펜실베이니아 대학병원에서 레지던트를 한 덕분에 좋은 직장을 쉽게 구할 수 있었고 내 분야에서 열심히 일을 해 나갈 수 있게 되어 감사할 따름이다.

나와 아내는 성격이 무척 다르다. 나는 소심하고 부지런하며 대부분의 의사가 그렇듯이 이치에 밝지만 매사에 부정적인 편이다. 아내는 반면에 대담하고 낙관적이며 항상 잘 웃는다. 우리 둘의 성격 차이는 교회에 가서 어디에 앉느냐를 보면 알 수 있다. 우리 교회나 혹은 심지어 다른 교회에 가도 아내는 나를 이끌고 맨 앞자리 한가운데에 가서 앉는다. 나는 뒷자리 한구석 끝에 앉는 것을 좋아한다. 하지만 가정의 평화를 위해서 꾹 참고 아내를 따라 앞자리에 가서 같이 앉는다. 속이 상할 때도 있지만 사랑으로 참는다.

우리는 이렇게 서로 다른 성격을 지니고 있지만 다투지 않는다. 싸우면 이기는 사람이 없다는 것을 잘 알기 때문이다. 부부 싸움에서 한쪽이 이겼다고 해도 그것은 이긴 것이 아니다. 이기나 지나 어차피 모두 기분이 상하기 때문이다. 그래서 성격의 차이는 있어도 우리는 싸우지 않는다. 그렇기 때문에 주변 사람들은 모두 우리를 잉꼬부부라고 불러주는 것 같다. 나는 내가 더 잘 참는다고 여기지만, 사실 아내가 참아내는 일이 더 많았을지도 모르겠다.

아내는 무엇이나 남에게 주기를 좋아한다. 우리 가족은 손자 손녀 합쳐서 모두 11명이다. 추수감사절이나 크리스마스 때 모이면 저녁을 먹고 게임을 즐기는데 주로 그림 그리기와 즉석 짧은 글짓기 등을 한다. 몇 년 전 추수감사절에는 '만일 내가 칠면조라면'이라는 제목으로 즉석 글짓기 대회를 열었다. 영어로 썼는데 영어가 모국어인 아이들을 제쳐 놓고 아내가 일등을 했다. 남에게 무엇이든지 주고 싶어 하는 아내의 성격이 이 글에 잘 나타나 있다. 아내가 지은 '만일 내가 칠면조라면'이라는 글을 소개한다.

If I were a turkey

—by Debbie Chon

If I were a turkey, I would give my drumstick to Nathaniel

because he is the oldest grandson and will be the leader of many.

If I were a turkey, I would give my wings to the youngest grandson, Lucas,

because he is too young to walk. He will soar to the heavens.

If I were a turkey, I will give my chest to Monica,

because she is brave and strong. She will stand up for herself.

If I were a turkey, I would give my heart to Julia

because she is so loving. She will always care for others.

If I were a turkey, I would give my lungs to Hannah,

because she loves to sing. She will never be outspoken.

If I were a turkey, I would give my stomach to Ellie

because she loves to eat. She will never go hungry.

만일 내가 칠면조라면

—전영애

만일 내가 칠면조라면, 나는 내 다리를 나다나엘에게 주겠어요.
그는 나의 첫 손자이고 우리 집안의 영도자가 되니까요.

만일 내가 칠면조라면, 내 날개를 루카스에게 주겠어요.
아직 어려서 걷지를 못하니까요. 그러나 그는 나중에 천국으로 날아갈 거예요.

만일 내가 칠면조라면, 내 가슴은 모니카에게 주겠어요.
그녀는 강하고 담대하니까요. 그녀는 언제든 홀로 설 거예요.

만일 내가 칠면조라면, 내 심장은 줄리아에게 주겠어요.
그녀는 사랑스럽고 남을 배려하니까요.

만일 내가 칠면조라면, 내 허파는 한나에게 주겠어요.
그녀는 노래를 좋아하고 명랑하니까요.

만일 내가 칠면조라면, 내 위장은 엘리에게 주겠어요.
그녀는 무엇이나 잘 먹으니까요. 배고플 일이 없을 거예요.

나는 아내에게서 많은 것을 배웠고 덕분에 차츰 변할 수 있었다. 나의 약점이 아내로 인해 감싸지고 발전한 것이다. 소극적이고 부정적인 태도에서 적극적이고 긍정적인 태도로 바뀐 것은 아내 덕분이다. 까르르 참 잘 웃는 아내처럼 나도 그렇게 하고 싶은데 연습을 더 해야 할 것 같다. 나에게는 딸이 둘 있는데 나는 그들을 공주라고 부른다. 그러니까 공주들의 모친인 내 아내는 여왕이 되었고 여왕의 남편인 나는 자연히 왕이 되었다.

큰딸 린다 가족 (앤디, 엘리, 린다, 한나, 나다나엘)

둘째 딸 패티 가족 (줄리아, 루카스, 패티, 모니카)

MEDICAL MISSION

35

음식, 무엇을 먹을까?

요즘 인터넷을 보면 어떤 음식은 몸에 좋으니 꼭 먹어야 한다고 하고, 반면에 절대로 먹으면 안 된다는 음식들도 많다. 건강에 관한 정보가 너무 많아 어디까지 믿어야 할지 혼란스럽다.

과학자들의 추천도 때로 종잡을 수가 없다. 한때는 버터가 동물성 기름이라 좋지 않으니 먹지 말고 식물성 기름인 마가린을 먹으라고 했었다. 그런데 2014년 6월 12일자 타임지에는 마가린을 먹지 말고 버터를 먹으라고 대대적으로 보도했다. 어느 것이 옳은지 알 수가 없다.

오랫동안 달걀노른자는 콜레스테롤이 많으니 먹지 말라고 했는데 또 요즘은 달걀노른자가 몸에 좋단다. 모두 과학자들의 말이다. 흰 쌀밥은 먹지 말고 현미를 먹어야 한다고 한참 떠들썩했었는데 요즘은 현미는 해로우니 흰 쌀밥을 먹으라는 의견도 있다.

하버드 의대 출신의 의사이며 현재 애리조나대학의 통합 의학센터의 책임자인 앤드루 웨일(Andrew Weil)은 "무엇을 먹을까?"라는 질문에 관해 많은 연구를 했고 『The Natural Mind』 등의 여러 책을 저술했다. 그가 추천하는 것을 종합하면 다음과 같다.

1. 위에 물어보라(Listen to your stomach).
2. 음식을 음미하면서 먹어라(Eat with sense).
3. 무엇이 들었는지 너무 따지지 마라(Do not eat with intellect).
4. 즐겁게 먹어라(Eat with gusto).

사람은 체질에 따라 맞는 음식이 있고 맞지 않는 음식이 있다. 또한 같은 사람이라도 나이에 따라 달라진다. 나는 젊었을 때는 중국 음식을 좋아했고 중국 음식 중에서도 기름진 요리를 좋아했다. 아마도 젊었을 때였으니까 기름진 요리가 몸에 필요했던 것이라고 생각한다. 그러나 나이가 들면서 기름진 것에 흥미가 적어지고 담백한 음식이 좋아졌다. 전에는 일본 음식은 별로 좋아하지 않았는데 요즘은 일본 음식이 좋아졌다. 아마도 기름기가 적어서인 것 같다. 이러한 변화는 우리들 몸에 맞게 변화되는 것이라고 생각한다. 인터넷이나 다른 사람들의 말만 듣고 어떤 음식이 좋다고 하면 무작정 따르는 일은 조심해야 할 것이다.

나는 짭짤한 맛을 좋아한다. 얼마 전에 내 심장 내과 의사로부터 반가운 소식을 들었다. 내가 고혈압이 있어서 약을 먹는데 요즘은 때때로 심하게 저혈압이 된다. 혈압이 100 이하로 떨어지면 온몸에 힘이 빠지고 머리가 어지럽고 호흡이 어려워지며 심하면 졸도할 것 같다. 어떻게 하면 좋으냐고 물었더니 소금을 먹든지 짜게 먹으란다. 우리는 싱겁게 먹어야지 짜게 먹으면 안 된다고 배워 왔다. 그러나 때로 우리 몸은 소금을 필요로 한다. 그리고 보니 예전에 군대에서 더운 여름에 군인들이 강행군 도보 훈련을 할 때는 소금을 한 주먹씩 주머니에 싸 가지고 나갔던 기억이 났다.

내 친구 송 박사는 아프리카 케냐에 선교를 갔는데 원인 모를 병에 걸려 거의 죽을 뻔했다. 모든 검사에서 아무 이상이 없었지만, 혈액 검사에서 염분이 확 떨어진 것을 발견하고 즉시 링거 주사를 맞고 살아났다. 링거 주사는 다름 아닌 소금물이었다. 알고 보니 송 박사는 그곳에서 음식을 싱겁게 먹고 땀을 너무 많이 흘려서 몸에 소금이 부족했던 것이다.

우리는 어려서부터 편식하면 안 된다고 배워 왔다. 무엇이든지 골고루 다 잘 먹어야 한다고 배웠는데 이런 문화는 심하게 말하면 무지에서 나온 것이다. 알레르기를 몰랐을 때 생겨난 문화라고 보면 된다. 내가 의과대학에 다닐 때만 해도 알레르기라는 것을 한국에서는 잘 몰랐다. 의대 4학년 때 처음으로 알레르기에 대한 강의를 들었을 뿐이다. 그러나 지금은 알레르기란 것이 어떤 것인지 잘 알고 있다. 알레르기로 고생하는 사람들이 세계적으로 무척 많다.

나의 아내는 많은 종류의 과일에 알레르기가 있다. 사과나 복숭아를 먹으면 입술이 붓고 기침이 나고 때로 호흡 장애까지 오기도 한다. 심지어 냉면을 먹고도 알레르기 증상을 일으켜서 졸도할 뻔했던 적이 있다. 냉면에 들어 있던 배가 문제였다. 아내는 주문할 때 냉면에 배를 넣지 말라고 부탁했고, 냉면 그릇에 배가 보이지 않으니까 넣지 않은 줄 알고 잘 먹었다고 한다. 그러나 냉면 육수에 배를 갈아서 넣은 것을 몰랐던 것이다. 그래서 배 알레르기로 혼이 났었다.

장모님도 과일 알레르기가 심하셨기에 자연히 우리 집에는 과일이 전혀 없다. 장모님은 불고기를 무척 좋아하셨는데 일평생 거의 매끼 불고기에 흰 쌀밥을 드셨다. 그런데 93세까지 건강하게 살다가 돌아가셨다. 과일을 먹어야 한다는 말은 우리 집에서는 통하지 않는다. 편식하지 말라는 말은 맞는 말이다. 그러나 알레르기를 고려하면 아무것이나 다 먹으라고 강요하는 것은 옳지 않다.

어떤 음식을 먹어야 하느냐는 질문 못지않게 중요한 것은 어떻게 먹느냐다. 아무리 좋은 음식이라도 마음이 불편하면 맛을 잃어버린다. 때로 반찬 투정을 하면서 아내와 말다툼하는 남편들을 본다. 참으로 어리석은 일이다. 내 아내는 음식을 잘 만드는데 어떤 때는 깜빡할 때가 있는 것 같다. 한번은 음식이 너무 싱겁고 달기만 한 적이 있었다. 소금을 넣어야 할 때 소금 대신 설탕을 잘못 넣은 것이다. 내가 "왜 이렇게 싱거우냐?"고 물었더니 "소금 넣을 때 깜빡 잘못해서 설탕을 넣었어요."라고 했으면 좋으련만 아내는 "짜게 먹으면 안 되니까 싱겁게 했어요."라고 대답했다. 가정의 평화를 위해서 나는 또 참고 넘어갔다.

그러다가 깨달은 것이 있었다. 반찬 투정하는 것처럼 졸장부는 없다는 사실이다. 혹시 입에 안 맞는다고 해도 한 끼 정도는 참을 수 있는 아량이 있어야 할 것 아닌가. 밥투정하다가 말다툼을 하고 기분이 상해서 음식을 먹는 것은 졸장부의 모습이며, 밥맛까지 잃게 되는 지극히 어리석은 일이다. 집에서뿐 아니라 음식점에 가서 음식이 내 입에 조금 맞지 않아도 너그러이 넘어가면 좋겠다. 음식 투정을 하지 않을 뿐 아니라 유쾌한 대화를 나누면서 즐겁게 식사를 한다면 금상첨화가 아니겠는가?

MEDICAL MISSION

36

소중한 친구, 이규항

　서울대학교 의과대학 1960년도 졸업 동기생 중에는 훌륭한 친구가 많다. 그중에 나는 특히 이규항이라는 친구를 좋아하고 그도 나를 좋아한다. 서울 의대 오케스트라에서 규항은 프렌치 호온을 불었고 나는 바이올린을 켰기 때문에 우리는 함께 연습하곤 했다. 그러나 음악 연습 외에는 특별히 자주 만나서 놀러 다니던 친구는 아니었다. 그 후 나는 1967년에 미국에 와서 그와는 52년간 멀리 떨어져 살았다. 그렇지만 우리는 아직도 서로를 잘 이해하고 신뢰하며 존경한다.

　이규항은 1974년에 안양에 신경 정신과 의원을 개원했다. 지금은 의왕시의 계요의료재단으로 발전해 정신 건강 병원과 노인 요양 병원이 되었고 거의 1,000여 병상이 있는 대규모 병원이 되었다. 사립 정신 병원으로는 국내 최대 규모의 병원이라고 한다. 그는 서울대학교 의과대학 외래 교수, 환태평양 정신의학회 회장 그리고 국제 로터리 지구 총재 등을 역임하기도 했다.

규항은 큰 성공을 거두고 부유해졌지만, 또한 사회에 반환할 줄 아는 친구다. 서울의대 도서관 건립에 1억 원을 기부하는 등 꾸준히 노블레스 오블리주의 삶을 살고 있다.

이규항 박사 부부

나는 미국에 온 후 22년 만인 1989년에 처음으로 한국을 방문했다. 당시 규항은 나를 위해 자기 병원 강당에 특별 만찬을 준비해서 동기생 전원을 초대하고 성대한 파티를 마련해 주었다. 여유가 있다고 모두 그렇게 하는 것은 아니다. 남을 배려하는 그의 마음에 절로 머리가 숙여졌다.

그 당시 〈11시에 만납시다〉라는 인기 TV 프로그램이 있었다. 규항은 나에게 그 방송에 출연해서 나의 단기 선교 이야기와 간증 등을 들려주면 좋지 않겠느냐고 제안했다. 그의 수고 덕분에 나는 마침내 방송국에 출연하게 되었는데 금요일에 녹화를 하겠다는 것이었다. 그런데 나는 그 금요일 아침에 미국으로 떠나는 비행기 표를 끊어 놓았었다. 친구는 하루 연기해서 토요일에 떠나면 안 되겠냐고 물었다. 특별한 일은 없지만 표를 바꿀 수 있을지 모르겠다고 대답했더니 그의 친구인 방송국 PD에게 얘기하면 문제없을 것이라고 했다. 그 PD는 바로 비서를 불러 항공사에 연락해서 비행기 표를 토요일로 바꾸게 했다. 나는 잠시 후에 비서로부터 날짜를 변경했다는 답변을 듣고 프로그램에 출연할 수 있었다.

친구의 덕분에 나는 난생처음 방송국에 가보게 되었다. 인기 사회자 김동건 아나운서와 마주 앉아 한국의 시청자들에게 나의 선교 이야기를 들려줄 수 있는 귀한 기회를 얻게 된 것이다. 스튜디오 천장에서 내리쪼이는 강렬한 조명 아래 처음엔 약간 긴장되었으나 차츰 적응되어 무사히 방송 녹화를 마칠 수 있었다.

나는 기독교 및 선교와 관련된 몇 권의 책을 썼다. 그중에 『하나님은 누구세요?』라는 초보자를 위한 기독교 교리 책이 있다. 규항은 자기가 출석하는 영락교회 구역 성경 공부에서 내 책으로 공부하고 토론했다고 한다. 친구에 대한 따뜻한 배려에 다시금 고마운 마음이 밀려왔다. 그는 단지 나뿐 아니라 그가 만나는 많은 사람에게 사랑을 베푼다고 한다.

〈11시에 만납시다〉 출연(1989)

내가 그를 좋아하는 것은 그의 경력이나 성공 때문만은 아니다. 내가 그를 존경하는 이유는 그는 꿈이 있는 사람이고(Man of visionary) 창의적인 사람이며(Man of creativity) 남을 돌보는 사람이고(Man of caring) 노블레스 오블리주를 실천하는 사람(Man of Noblesse Oblige)이기 때문이다.

  친구란 자주 만나야 한다고 하지만, 이규항은 만날 기회가 적고 타국에 멀리 떨어져 살아도 늘 신뢰하고 존경하는 나의 훌륭한 친구다. 그 친구를 내 동역자로 붙여주신 하나님께 감사하다.

37

이것도 지나가리라
- 감제 야 볼

세상의 모든 것은 지나간다. "날 때가 있고 죽을 때가 있으며… 울 때가 있고 웃을 때가 있으며 슬퍼할 때가 있고 춤출 때가 있으며… 찾을 때가 있고 잃을 때가 있으며… 찢을 때가 있고 꿰맬 때가 있으며… 사랑할 때가 있고 미워할 때가 있으며 전쟁할 때가 있고 평화할 때가 있느니라"(전 3:2-8).

이 세상에 살면서 여러 가지 힘든 일 중에 가장 견디기 어려운 것은 병이 나서 몸이 아픈 것과 사랑하는 사람과의 이별일 것이다. 건강을 지키려고 애를 쓰지만 아무리 노력해도 건강을 영원히 유지할 수는 없다. 가까운 사람과의 이별도 피할 수가 없다. 몸에 병이 들어 만날 수 없게 되기도 하고 멀리 이사를 가서 만날 수 없게 되기도 한다. 그러나 슬프고 어려운 일도 언젠가는 지나가며 즐겁고 기쁜 일도 항상 있는 것이 아니라 지나간다.

기쁠 때나 슬플 때나 우리에게 좋은 교훈을 주는 유대인의 전설 하나가 있다. 솔로몬의 반지다. 솔로몬 왕은 총애하는 신하 베나이아에게 반지 하나를 구해 오라고 명했다. 이 반지는 신기하게도 행복한 사람이 보면 불행해지고 불행한 사람이 보면 행복해지는 이상한 힘을 가지고 있다고 했다. 솔로몬은 그에게 6개월의 시간을 줄 테니 가을 초막절까지 구해 오라고 명했다. 사실 솔로몬은 이런 반지가 세상에 있을 리가 없다는 것을 알면서 베나이아에게 장난을 친 것이었다.

베나이아는 6개월간 반지를 찾아다녔지만 찾지 못했다. 초막절이 거의 다 이르렀을 때 그는 예루살렘 빈민가에 있는 허름한 보석상에서 나이 많은 주인을 만났다. 베나이아는 그에게 이러이러한 반지를 들어 본 일이 있느냐고 물었다. 주인은 잠시 기다리라고 하더니 반지에 세 글자를 새겨서 베나이아에게 주었다. 베나이아는 그것을 보고 빙그레 웃었다.

초막절은 추수 감사의 기쁜 명절이다. 솔로몬은 많은 신하를 불러 잔치를 벌였다. 베나이아가 들어 왔고 왕은 만면에 웃음을 띠면서 반지를 가져 왔느냐고 물었다. 베나이아는 "네, 가져왔습니다." 하고 세 글자가 새겨진 반지를 왕에게 드렸다. 그 반지에는 '감 제 야볼'(gam zeh ya'avor, 이것도 지나가리라)이라는 히브리 언어 세 글자가 새겨져 있었다. 솔로몬은 그 반지를 보는 순간 웃음이 싹 사라졌고 금세 침통한 얼굴이 되었다.

솔로몬은 자기가 누리고 있는 부귀영화도 곧 지나갈 것을 새삼스레 깨닫게 된 것이다. 그리고 결국은 한 줌의 흙으로 돌아가리라는 것도 다시 깨닫게 되었다. 이 세 글자는 행복은 영원히 계속되는 것이 아니라는 것을 말해 준다. 마찬가지로 슬픔도 영원한 것이 아니고 언젠가는 지나갈 것을 알려 준다. 행복도 슬픔도 모두 잠시뿐이며 다 지나간다. 오직 한 가지 변하지 않는 것은 우리 주 예수 그리스도와 우리를 향한 예수님의 사랑뿐이다.

내가 사는 필라델피아에는 서울 의대 동기생 4명이 살았는데 40년 이상 같은 교회를 섬기면서 가깝게 지냈다. 그들은 염극용, 이종석, 김익진이다. 그러나 친구들은 어느새 멀리 떠났고 한 친구는 별세했다. 그래서 지금은 동기 중 나 혼자만 남았다. 인생은 지나간다. 가족이나 친구들과도 이별할 날이 언젠가는 올 것이다. 그러나 예수님이 함께 해 주신다는 믿음으로 위로를 받는다. 예수님을 믿고 천국을 바라보며 사는 귀한 믿음을 주신 것이 새삼 감사하다.

솔로몬의 반지 '이것도 지나가리라'

MEDICAL MISSION

38

만족하게 살았다

부모가 자녀에게 가장 바라는 것은 자녀가 만족하게 사는 것이다. 자녀가 공부를 잘하고 경제적으로 윤택하며 사회적으로 성공한 삶을 누리면 더 기쁘겠지만, 혹 그렇지 못하더라도 어떤 형편에 살든지 그들이 만족을 느끼고 산다면 부모로서는 마음에 안심이 된다.

아프리카 케냐에 키자비(Kijabe)라는 곳이 있다. 그 뒤뜰에는 선교사들의 무덤이 있는데 그 가운데 알렌 선교사의 묘비명은 내게 큰 감명을 주었다. 그 묘비에는 단 한 마디 'satisfied'(만족하게 살았다)라고 쓰여 있는데 나는 그 묘비를 때때로 묵상해 본다. 알렌은 선교사였으므로 경제적인 문제, 자녀 교육, 건강 문제 등 어려운 일이 참으로 많았을 텐데 어떻게 만족하게 살았다고 비문에 적을 수 있었을까?

알렌 선교사의 묘비 '만족하게 살았다'

내 생각에는 그 선교사가 주님의 일을 열심히 하다가 세상을 떠났기 때문에 '만족하게 살았다'고 했을 것이라고 믿는다. 우리가 만족한 삶을 살려면 갖추어야 할 것이 여러 가지가 있다. 의식주가 해결되고 사랑하는 사람과 친구들이 있어야 할 것이다. 그러나 의식주가 안정되고 사랑하는 가족과 친구들이 있어도 만족하지 못하는 사람들이 꽤 많다. 그러면 무엇이 있어야 만족할 것인가? 나는 자신이 좋아하는 일이 있어야 기쁜 삶을 살 수 있다고 생각한다. 은퇴한 사람들의 큰 고민은 매일 할 일 없이 지루하게 지내는 것이다. 그들은 무슨 일을 해야 할지 열심히 찾아봐야 할 것이다.

나의 믿음의 모델 중에 루스 쉐이퍼(Ruth Shaffer)라는 여자 선교사가 있다. 루스 선교사는 노년에 한 양로원에서 살았다. 나는 35년 동안 그녀의 케냐 마사이 사역을 기록한 책 『킬리만자로로 가는 길』(Road to Kilimanjaro)을 읽고 큰 감명을 받아 루스 선교사를 직접 만나보고 싶어 수소문했다. 그러던 어느 날 마침내 필라델피아 근처의 '그리스도의 집'(Christ Home) 양로원에 머물고 있는 그녀를 찾아낼 수 있었다.

나는 우리 교회의 김영훈 장로 부부와 아내와 함께 루스 선교사를 방문했다. 얼굴 가득 환한 미소를 띠고 현관으로 반갑게 마중 나온 그녀는 90세의 나이가 믿어지지 않을 정도로 정정해 보였다. 우리는 인사를 나눈 후 루스가 사는 방에 가 봤는데 방은 아주 작았고 소박한 침대와 나무 책상 그리고 빛바랜 사진 몇 장과 몇 권의 책이 있을 뿐이었다.

그러나 루스는 영국 여왕 못지않게 아무것도 부족함이 없는 듯 당당한 위엄을 지니고 있었다. 우리가 오후에 방문했는데 우리에게 저녁을 어떻게 먹여 보낼지 걱정하는 그녀를 보면서 그의 따뜻한 마음이 가슴으로 전해져 왔다. 그래서 나도 늙으면 루스처럼 살자고 마음먹었다.

또한 인상적이었던 것은 루스가 90세의 나이에 80대 중반의 한 여성에게 피아노를 가르치고 있었던 일이다. 루스가 그 여자에게 "우리가 이 양로원에서 밥만 먹고 잠만 자다가 죽을 수는 없어. 내가 피아노를 칠 줄 아니까 피아노를 가르쳐 줄게."라고 해서 80세가 넘은 이 여성이 생전 처음으로 피아노를 배우고 있다고 했다. 참으로 멋진 장면이었다. 나는 여러 차례 루스 선교사와의 만남을 가졌는데 루스를 만날 때마다

루스 쉐이퍼 선교사(오른쪽)와
피아노를 배우는 학생

마치 전기에 감전된 듯 새로운 도전과 긍정적인 힘을 맛볼 수 있었다.

그 후에 루스는 가족들이 사는 플로리다로 옮겨 갔는데 100세 생일에 온 가족 60여 명이 한자리에 모여 생일 파티를 열었다. 그들은 나를 가족의 일원(Extended family member)으로 생각하니 와 달라고 해줘서 존경하는 롤 모델인 루스 선교사의 100세 생일 파티에 나도 참석할 수 있었다. 그 자리에 함께할 수 있어 무척 감사했다.

루스 쉐이퍼 선교사의 100세 생일 파티
(가운데가 루스, 오른쪽 끝이 저자)

우리 교회에는 80세에 가까운 강행지 권사가 있다. 그분은 누가 시킨 것도 아닌데 부엌에서 자질구레한 일들을 매주일 한다. 종이 접시, 컵, 냅킨을 상 위에 갖다 놓는 일과 간단한 청소를 하는데 주일 이른 아침부터 1, 2, 3부 예배에 나오는 성도를 위해 수고한다. 그는 매주 주일에 교회에 가서 봉사하는 일이 기다려진다면서 예수님을 사랑하는 기쁜 마음으로 일한다고 한다.

나는 몇 년 전부터 교회 바깥 길거리에 버려진 쓰레기를 줍기로 했다. 자동차 안에 비닐장갑을 넣고 다니며 쓰레기가 보이는 대로 줍는다. 예수님을 사랑하는 마음과 교회를 사랑하는 마음으로 하는 것이다. 나는 이 작은 일에 만족하고 행복하다. 요즘은 쓰레기를 주울 일이 거의 없어졌다. 누군가가 남모르게 쓰레기를 줍기 시작한 모양이다. 주님은 이런 작은 일도 기쁘게 여기실 줄로 확신한다.

주님이 좋아하실 일을 열심히 하며 살 때 비로소 만족하게 살았다고 말하며 천국에 갈 것이다. 나의 비석에도 한마디 '만족하게 살았다'라고 쓰고 싶다. 오늘도 주님이 기뻐하실 일을 찾아 나서야겠다.

"그가 사모하는 영혼에게 만족을 주시며 주린 영혼에게 좋은 것으로 채워주심이로다"(시 107:9).

저자 프로필

저자 전희근 약력

1936년 인천 출생
1960년 서울대학교 의과대학 졸업
1971년 펜실베이니아대학교(University of Pennsylvania) 대학병원 방사선과 졸업
1980년 필라델피아 성경대학(Philadelphia College of Bible) 야간부 졸업
1987년 달라스신학교 수학
전 펜실베이니아대학교 대학병원 조교수, 방사선과
전 아세아연합신학대학교 외래 교수, 의료 선교학
전 풀러신학대학원 외래 교수, 의료 선교학
전 열방대학 외래 교수, 의료 선교학

이사 역임
아프리카 내지선교회, Interserve, CMDA, 웨스트민스터 신학대학

단기 선교

1984-2018, 34년간 인도네시아, 인도, 중국, 방글라데시, 아프가니스탄, 카자흐스탄, 예멘, 쿠웨이트, 네팔, 러시아, 케냐, 우간다, 탄자니아, 에티오피아, 콩고, 스와질란드, 말라위, 멕시코, 과테말라, 에콰도르, 페루, 부라질, 쿠바, 코스타리카

저서

『성경에는 무엇이 쓰여 있는가』(생명의말씀사, 1981)

『하나님은 어디에 계신가』(생명의말씀사, 1983)

『단기 선교에서 배우는 하나님』(생명의말씀사, 1996)

『선교와 의료』(생명의말씀사, 1997)

『Health in Mission』(영어, Vantage Press, 1997)

『하나님이 누구세요?』(생명의말씀사, 2000)

『하나님은 무엇을 하고 계신가』(번역서, 생명의말씀사, 1977)

『단기 선교에서 배우는 하나님』 전편

사명선언문

너희가 흠이 없고 순전하여······세상에서 그들 가운데 빛들로
나타내며 생명의 말씀을 밝혀 _ 빌 2:15-16

1. 생명을 담겠습니다
만드는 책에 주님 주신 생명을 담겠습니다.
그 책으로 복음을 선포하겠습니다.

2. 말씀을 밝히겠습니다
생명의 근본은 말씀입니다.
말씀을 밝혀 성도와 교회의 성장을 돕겠습니다.

3. 빛이 되겠습니다
시대와 영혼의 어두움을 밝혀 주님 앞으로 이끄는
빛이 되는 책을 만들겠습니다.

4. 순전히 행하겠습니다
책을 만들고 전하는 일과 경영하는 일에 부끄러움이 없는
정직함으로 행하겠습니다.

5. 끝까지 전파하겠습니다
모든 사람에게, 땅 끝까지, 주님 오시는 그날까지
복음을 전하는 사명을 다하겠습니다.

서점 안내

광화문점   서울시 종로구 새문안로 69 구세군회관 1층
             02)737-2288 / 02)737-4623(F)

강남점   서울시 서초구 신반포로 177 반포쇼핑타운 3동 2층
             02)595-1211 / 02)595-3549(F)

구로점   서울시 동작구 시흥대로 602, 3층 302호
             02)858-8744 / 02)838-0653(F)

노원점   서울시 노원구 동일로 1366 삼봉빌딩 지하 1층
             02)938-7979 / 02)3391-6169(F)

분당점   경기도 성남시 분당구 황새울로 315 대현빌딩 3층
             031)707-5566 / 031)707-4999(F)

일산점   경기도 고양시 일산서구 중앙로 1391 레이크타운 지하 1층
             031)916-8787 / 031)916-8788(F)

의정부점 경기도 의정부시 청사로47번길 12 성산타워 3층